Memória

Blucher

Série Conhecimento

Memória

Organizadores

Ricardo Cambraia Parreira

Rodrigo R. Resende

Mauro Cunha Xavier Pinto

Memória

Imagem da capa iStockphoto

Segundo o Novo Acordo Ortográfico, conforme 5. ed. do *Vocabulário Ortográfico da Língua Portuguesa*, Academia Brasileira de Letras, março de 2009.

Publisher Edgard Blücher
Editor Eduardo Blücher

Coordenação editorial Bonie Santos
Produção editorial Luana Negraes, Isabel Silva
Preparação de texto Ana Maria Fiorini
Diagramação Negrito Produção Editorial
Revisão de texto Karen Daikuzono
Capa e projeto gráfico Leandro Cunha

DADOS INTERNACIONAIS DE CATALOGAÇÃO NA PUBLICAÇÃO (CIP)
Angélica Ilacqua CRB-8/7057

Memória / organização de Ricardo Cambraia Parreira, Rodrigo R. Resende, Mauro Cunha Xavier Pinto – 1. ed. – São Paulo : Blucher, 2020. (Série Conhecimento)
144 p. il.

Bibliografia
ISBN 978-65-5506-032-4 (impresso)
ISBN 978-65-5506-030-0 (eletrônico)

1. Memória. 2. Neurociência. I. Título. II. Parreira, Ricardo Cambraia. III. Resende, Rodrigo R. IV. Pinto, Mauro Cunha Xavier.

20-0409 CDD 159.953

Índices para catálogo sistemático:
1. Memória

Blucher

Rua Pedroso Alvarenga, 1245, 4º andar
04531-934 – São Paulo – SP – Brasil
Tel.: 55 11 3078-5366
contato@blucher.com.br
www.blucher.com.br

CONTEÚDO

1. Introdução 7

Elis Marra da Madeira Freitas, Onésia Cristina de Oliveira Lima, Bruno Lemes Marques, Rodrigo R. Resende, Mauro Cunha Xavier Pinto e Ricardo Cambraia Parreira

2. Memória de curto prazo 23

Patrícia de Carvalho Ribeiro, Gustavo Almeida de Carvalho, Bruno Lemes Marques, Mauro Cunha Xavier Pinto, Rodrigo R. Resende e Ricardo Cambraia Parreira

3. Memória de longo prazo 37

Gustavo Almeida de Carvalho, Ricardo Cambraia Parreira, Bruno Lemes Marques, Rodrigo R. Resende e Mauro Cunha Xavier Pinto

4. Memória flash e traumas 53

Raphaela Almeida Chiareli, Ricardo Cambraia Parreira, Bruno Lemes Marques, Rodrigo R. Resende e Mauro Cunha Xavier Pinto

5. Doenças que afetam a memória 67

Daniel Mendes Filho, Bruno Lemes Marques, Mauro Cunha Xavier Pinto, Rodrigo R. Resende e Ricardo Cambraia Parreira

6. Traumatismo cranioencefálico 93

Raphaela Almeida Chiareli, Ricardo Cambraia Parreira, Bruno Lemes Marques, Rodrigo R. Resende e Mauro Cunha Xavier Pinto

7. Como cuidar melhor do seu cérebro 113

Bruno Lemes Marques, Daniel Mendes Filho, Ricardo Cambraia Parreira, Rodrigo R. Resende e Mauro Cunha Xavier Pinto

Sobre os autores 137

1. INTRODUÇÃO

Elis Marra da Madeira Freitas, Onésia Cristina de Oliveira Lima, Bruno Lemes Marques, Rodrigo R. Resende, Mauro Cunha Xavier Pinto e Ricardo Cambraia Parreira

O cérebro é um órgão altamente complexo, sendo responsável pelo controle de inúmeras funções do organismo. Entretanto, nem sempre o homem reconheceu a sua importância funcional. Os egípcios, que atingiram seu auge por volta de 2000 a.C., removiam o cérebro e o descartavam antes da mumificação, pois não o consideravam tão importante quanto os demais órgãos. Já os gregos, em torno de 300 a.C., consideravam o cérebro apenas um controlador da temperatura do corpo e atribuíam ao coração superioridade em relação aos demais órgãos (MORAES, 2009). O estudo do cérebro e suas funções data da antiguidade e nos ajuda a entender o quão complexo esse órgão pode ser.

Ao longo dos séculos, esse estudo foi associado à filosofia, pois a humanidade começou a relacionar o cérebro à percepção do ambiente, às emoções e à própria razão da existência humana. De fato, é por meio do cérebro que o ser humano pode ter a percepção do meio ambiente e realizar interações sociais; pode-se dizer, portanto, que esse órgão está ligado a questões existenciais (MORAES, 2009). Com o passar do tempo, a humanidade foi entendendo que o cérebro era responsável por mais que questões existenciais, e outras funções foram sendo atribuídas a ele. De fato, seu cérebro controla muito mais do que você pensa! Ele controla suas sensações físicas, seus movimentos corporais, como você entende o que vê, ouve, cheira, saboreia e toca, seu senso de equilíbrio e coordenação. Além disso, é responsável por sua habilidade de fazer julgamentos e tomar decisões e pelos seus sentimentos de prazer e recompensa. Seu cérebro também controla outras áreas do seu corpo. Ele é responsável por sua memória! Assim, quando você dança, fala, sorri e chora, é o seu cérebro que está recebendo, processando e enviando mensagens para diferentes partes do corpo. Quando você ouve uma música que te remete a um momento vivido, sente um cheiro que te faz pensar de imediato naquela pessoa querida... são os neurônios do seu cérebro que estão sendo ativados! É natural, portanto, que fiquemos curiosos para saber como funcionam as funções cerebrais e como é possível que essas interações do nosso corpo com o ambiente e do nosso corpo com ele mesmo aconteçam.

Apesar de brilhante, o cérebro não atua sozinho. Ele é uma das estruturas que compõem o sistema nervoso central, formado também por cerebelo e tronco encefálico, que estão dentro do crânio, e pela medula espinal, que se localiza no interior da coluna vertebral, no canal vertebral. O sistema nervoso central atua com o sistema nervoso periférico, mediando as funções de controle sobre o nosso corpo ou o colocando em contato com o ambiente. Há dois tipos de células que formam o sistema nervoso: os neurônios e as células da neuróglia. Os neurônios são as células capazes de processar informação, consideradas excitáveis por serem capazes de gerar e conduzir potencial de ação. Já as células da neuróglia oferecem suporte estrutural, metabólico e mecânico aos neurônios, apresentando, também, função imunológica (KANDEL et al., 2013). Cientistas continuam a descobrir novas células no cérebro, como o neurônio *rosehip*, descoberto em 2018 por cientistas americanos e húngaros (BOLDOG et al., 2018). Considerado o fundador da teoria neuronal, o estudioso Santiago Ramón y Cajal demonstrou, em 1888, a individualidade da célula nervosa. Foi ele, também, que demonstrou que as células nervosas estabelecem conexões entre si (SHEPHERD, 1972). Como forma de reconhecimento, em 1906, Santiago Ramón y Cajal e Camillo Golgi foram laureados com o Prêmio Nobel de Fisiologia ou Medicina por seus trabalhos sobre o sistema nervoso. Hoje sabemos que as conexões entre os neurônios, identificadas originalmente por Ramón y Cajal, são as sinapses, que ocorrem quando os neurônios liberam as substâncias químicas chamadas neurotransmissores. É por meio da liberação de neurotransmissores que um neurônio é capaz de modular a função daqueles com os quais estabelece conexão, e é por essas conexões que o cérebro consegue exercer funções altamente complexas. Atualmente, é bem estabelecido que diferentes partes do cérebro são responsáveis por diferentes funções: há, por exemplo, áreas específicas voltadas ao controle dos movimentos, às sensações corporais, às respostas de medo, e, sim, há áreas específicas responsáveis pela memória!

Vários estudos mostram que o hipocampo é a estrutura cerebral mais envolvida no processamento da memória, em sua consolidação, recuperação e até mesmo extinção, tanto em humanos quanto em animais (EICHENBAUM et al., 1996; IZQUIERDO; MEDINA, 1997; IZQUIERDO; MCGAUGH, 2000). Entretanto, sabe-se que o hipocampo não trabalha sozinho em uma função tão importante: ele recebe informações de outras áreas, como do córtex entorrinal, e conecta-se com a amígdala e com outras áreas corticais, de modo que estas também devem ser citadas como envolvidas no processamento da memória (IZQUIERDO; MCGAUGH, 2000; SETLOW; ROOZENDAAL; MCGAUGH, 2000).

Nos últimos cem anos, as pesquisas em relação às funções do cérebro se intensificaram muito. Em poucas décadas, a humanidade foi capaz de entender como o cérebro capta informações do ambiente e as armazena em seu sistema. Na década de 1980, Eric Kandel e Paul Greengard, laureados com o Prêmio Nobel de Fisiologia ou Medicina em 2000, descreveram como os neurônios são capazes de produzir memórias de curto prazo por meio da sinalização celular. Posteriormente, foi demonstrado como os neurônios de regiões do hipocampo e do córtex entorrinal são capazes de representar no cérebro o ambiente e a localização do indivíduo no espaço. Esses estudos levaram à descoberta de neurônios do tipo células de

E se pudéssemos simplificar o entendimento da memória, compreendendo quais são os tipos de memória, como são formadas, o que pode comprometer sua formação e o que pode contribuir para sua preservação?

lugar, que são ativados em locais específicos e mapeiam o ambiente, e células de grade, que são responsáveis por localizar o indivíduo no espaço. Essas descobertas foram laureadas pelo Prêmio Nobel de Fisiologia ou Medicina em 2014, quando o prêmio foi divido entre o casal de pesquisadores dinamarqueses May-Britt Moser e Edvard Moser e o pesquisador britânico-americano John O'Keefe.

Os trabalhos sobre memória são uma área de estudo da neurociência que ainda apresenta milhares de perguntas científicas sem respostas, e cientistas do mundo inteiro trabalham exaustivamente – às vezes por uma vida inteira – tentando respondê-las. Um dos motivos para haver muitas perguntas sem resposta é o fato de que a neurociência é complexa em seus aspectos mais intrínsecos. Além disso, o estudo do cérebro humano deve ser feito de maneira não invasiva, sendo realizado algumas vezes de modo indireto, o que é um grande desafio. Diante de um sistema tão complexo, o que já foi e o que vem sendo descoberto sobre o modo como nosso cérebro e nossa memória de fato funcionam merece ser amplamente divulgado. Mas e se pudéssemos simplificar o entendimento sobre a memória, compreendendo, por exemplo, quais são os tipos de memória, como as memórias são formadas, o que pode comprometer sua formação e o que poderia contribuir para preservá-la em meio a tantos esquecimentos? Este livro busca trazer um entendimento simplificado sobre todas essas questões.

A memória pode ser classificada de diferentes maneiras, conforme ilustrado na Figura 1.1. Formas bem aceitas de classificação são as de acordo com seu conteúdo, bem como as de acordo com sua duração. De acordo com seu conteúdo, a memória pode ser classificada em declarativa ou explícita e procedural ou implícita. De acordo com sua duração, pode ser classificada em memória de longo prazo e memória de curto prazo, como pode ser visto em detalhes nos Capítulos 2 e 3 (SQUIRE, 1992; FUSTER, 1998; TULVING; MARKOWITSCH, 1997). De maneira simplificada, esses tipos de memórias podem ser relacionados ao armazenamento de um computador, em que a memória RAM seria a de curto prazo, e a memória de longo prazo seria a que fica armazenada no disco rígido (SHALLICE; WARRINGTON, 1970).

Você pode estar se perguntando como ocorre a formação dessas memórias. A formação das memórias de curto prazo e de longo prazo se dá por processos distintos, que ocorrem por meio de diferentes fases. Essas fases se dão rapidamente e interconectam diferentes partes de nosso cérebro, de modo que nem nos damos conta de que estão acontecendo (BROOKS, 1968). A memória de curto prazo e sua formação serão detalhadas no Capítulo 2, e a de longo prazo, no Capítulo 3.

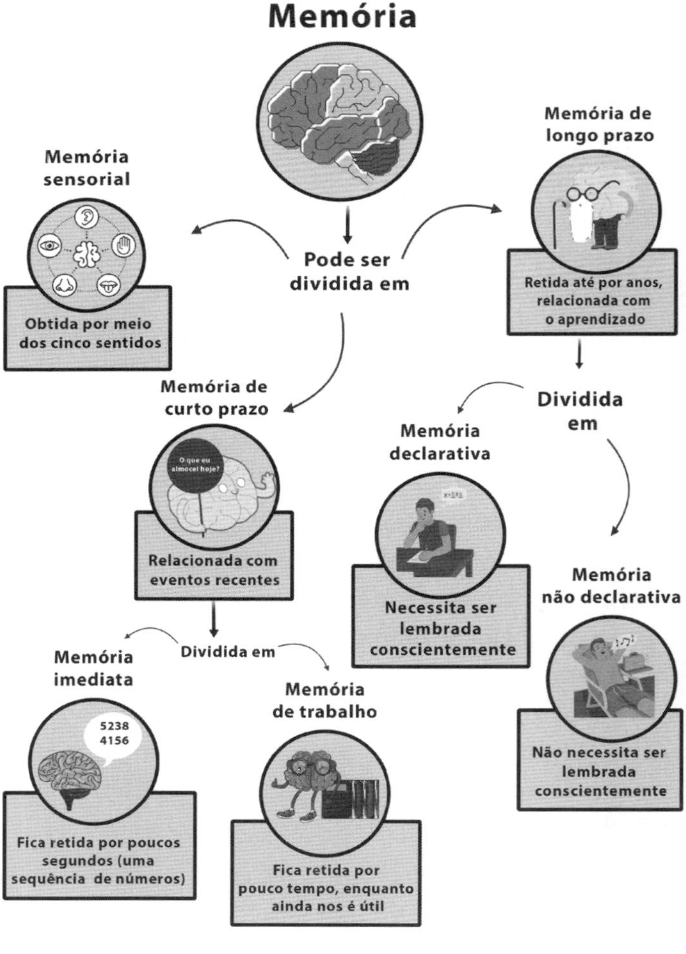

Figura 1.1. Classificação dos tipos de memória e suas características.

Outro tipo de memória é a memória flash. Esse tipo se refere a memórias autobiográficas, relacionadas às circunstâncias em que você soube de um evento público e marcante. Por exemplo, onde você estava quando soube do ataque às torres gêmeas, em 2001? Ao ler essa pergunta, você imediatamente imaginou as circunstâncias, ou seja, o local onde você estava, o que estava fazendo, quem estava perto de você naquele momento. A memória flash tem ajudado psicólogos a desvendarem mecanismos relacionados a traumas psicológicos (HIRST; PHELPS, 2016); como isso pode ser feito é algo abordado no Capítulo 4.

Tão interessantes quanto os mecanismos pelos quais as memórias são formadas são os mecanismos que podem comprometê-las. Quem nunca tomou conhecimento de alguém que passou a ter problemas de memória após um trauma no crânio, seja por acidente de trânsito, por uma queda ou por uma agressão física? O fato é que traumas podem danificar partes do nosso cérebro responsáveis pela memória e por outras funções, e isso pode causar sequelas irreparáveis (MENON et al., 2010). Os traumas físicos no crânio e no cérebro e como eles afetam a memória será o assunto abordado no Capítulo 6. Além de traumas físicos como fatores causadores de problemas de memória, existem também processos de esquecimento natural, que fazem parte do funcionamento normal do cérebro, bem como processos de esquecimento que podem ser causados por doenças, como é o caso da doença de

Aqui você fará uma
visita guiada sobre o que
a neurociência tem a nos
ensinar sobre a memória.
O que pode parecer um
mundo complexo, visto
pela perspectiva adequada,
é um mundo fascinante!

Alzheimer e outros tipos de demência, que causam a perda de memória e distúrbios de aprendizado e cognição (JUNQUEIRA, 2013).Os mecanismos dessas condições serão abordados no Capítulo 5.

Com tantos problemas e doenças que podem afetar a memória, será que é possível preservá-la? A boa notícia é que sim, é possível! Existem hábitos que podem ser adotados para retardar o envelhecimento do cérebro e, assim, proteger mais a nossa memória. A melhor parte é que esses hábitos, além de conservar a memória, podem ser prazerosos, como é o caso da prática de atividades físicas, da leitura constante e até mesmo de alguns tipos de jogos que podem estimular a memória (JOBES, 2011). Como isso pode acontecer será o assunto abordado no Capítulo 7.

Nos capítulos deste livro, você fará uma visita guiada sobre o que a neurociência tem a nos ensinar sobre a memória – veja os assuntos que serão abordados na Figura 1.2. A princípio, pode parecer um mundo complexo, mas, visto pela perspectiva adequada, é um mundo fascinante. Os assuntos abordados serão ilustrados por fatos cotidianos, vivenciados pela maioria das pessoas – alguns exemplos são as doenças comuns que afetam o funcionamento cerebral e situações vistas em filmes ou séries –, tudo isso para que você tenha um entendimento facilitado desse assunto!

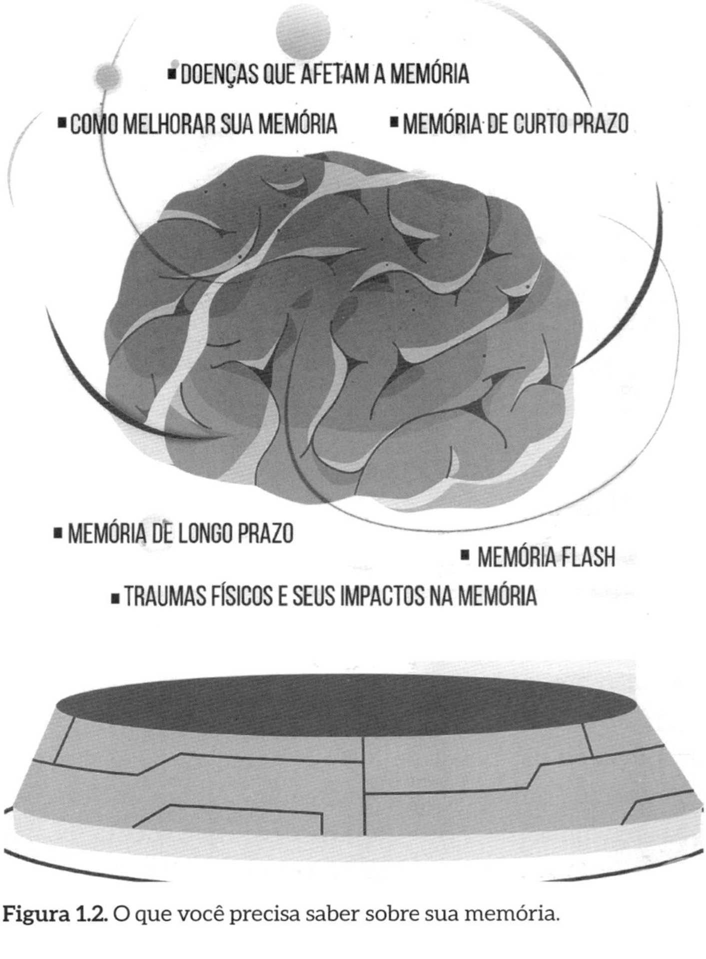

Figura 1.2. O que você precisa saber sobre sua memória.

Referências

BOLDOG, E. et al. Transcriptomic and morphophysiological evidence for a specialized human cortical GABAergic cell type. *Nature Neuroscience*, v. 21, n. 9, p. 1, 2018.

BROOKS, L. R. Spatial and verbal components of the act of recall. *Canadian Journal of Psychology*, v. 22, p. 349-368, 1968.

EICHENBAUM, H. et al. Functional organization of the hippocampal memory system. *Proceedings of the National Academy of Sciences*, v. 93, n. 24, p. 13500-13507, 1996.

FUSTER, J. M. Distributed memory for both short and long term. *Neurobiology of Learning and Memory*, v. 70, n. 1-2, p. 268-274, 1998.

HIRST, W.; PHELPS, E. A. Flashbulb memories. *Current Directions in Psychological Science*, v. 25, n. 1, p. 36-41, 2016.

IZQUIERDO, I.; MCGAUGH, J. L. Behavioural pharmacology and its contribution to the molecular basis of memory consolidation. *Behavioural Pharmacology*, v. 11, n. 7, p. 517-534, 2000.

IZQUIERDO, I.; MEDINA, J. H. Memory formation: the sequence of biochemical events in the hippocampus and its connection to activity in other brain structures. *Neurobiology of Learning and Memory*, v. 68, n. 3, p. 285-316, 1997.

JOBES, D. The science behind memory improvement. *Memory Improvement Tips*, 27 mar. 2011. Disponível em: https://www.memory-improvement-tips.com/memory-research.html#exercise. Acesso em: 20 nov. 2017.

JUNQUEIRA, G. L. Demência e disfunção cognitiva, doença de Alzheimer e outras demência-memória. In: JUNQUEIRA, G. L. *Passeando pela neurologia (Orientação para leigos)*. Ribeirão Preto: Funpec, 2013. Cap. 8, p. 61-72.

KANDEL, E. R. et al. *Principles of neural science*. 5. ed. New York: McGraw-Hill, 2013.

MENON, D. K. et al. Position statement: definition of traumatic brain injury. *Archives of Physical Medicine and Rehabilitation*, v. 91, n. 11, p. 1637-1640, 2010.

MORAES, A. P. Q. de. *O livro do cérebro*. São Paulo: Duetto, 2009. v. 1.

SETLOW, B.; ROOZENDAAL, B.; MCGAUGH, J. L. Involvement of a basolateral amygdala complex–nucleus accumbens pathway in glucocorticoid-induced modulation of memory consolidation. *European Journal of Neuroscience*, v. 12, n. 1, p. 367-375, 2000.

SHALLICE, T.; WARRINGTON, E. K. Independent functioning of verbal memory stores: a neuropsychological study. *The Quarterly Journal of Experimental Psychology*, v. 22, p. 261-273, 1970.

SHEPHERD, G. M. The neuron doctrine: a revision of functional concepts. *The Yale Journal of Biology and Medicine*, v. 45, n. 6, p. 584, 1972.

SQUIRE, L. R. Memory and the hippocampus: a synthesis from findings with rats, monkeys, and humans. *Psychological Review*, v. 99, n. 2, p. 195, 1992.

TULVING, E.; MARKOWITSCH, H. J. Memory beyond the hippocampus. *Current Opinion in Neurobiology*, v. 7, n. 2, p. 209-216, 1997.

2. MEMÓRIA DE CURTO PRAZO

Patrícia de Carvalho Ribeiro, Gustavo Almeida de Carvalho, Bruno Lemes Marques, Mauro Cunha Xavier Pinto, Rodrigo R. Resende e Ricardo Cambraia Parreira

Já aconteceu com todos ou com a maioria de nós: chegamos em casa, chave do carro em uma das mãos, materiais do trabalho na outra, avistamos a correspondência recém-entregue em cima da mesa e que precisa ser lida imediatamente, o telefone toca e corremos para atender. No próximo minuto, nos recordamos da chave do carro, e onde ela está? Nos esquecemos completamente do local onde a deixamos. A ocorrência de múltiplos eventos ao mesmo tempo e a atenção redirecionada para outras tarefas fazem com que a informação relacionada à chave não seja memorizada.

Um outro exemplo pode ser observado em jogadores como os de vôlei e basquete. Após o término do jogo, eles não se recordam de todos os passes realizados e dos detalhes do ambiente durante a partida. A memória dos passes exatos e do que acontece ao redor dura apenas os segundos necessários à realização do próximo movimento. Durante a execução dos lances, o jogador realiza os passes mecanicamente, sem estar plenamente consciente da exatidão de seus movimentos. De fato, quando racionalizamos muito ao executar uma habilidade adquirida (nos esportes, música e artes, por exemplo), ocorre uma forte tendência de falha na execução eficiente do movimento. Se duas tarefas são realizadas ao mesmo tempo, uma pode interferir na execução da outra.

Em outro extremo, com uma memória excepcional, podemos citar os *savants*. Pessoas com síndrome de *savant*, são indivíduos que apresentam uma anomalia rara da memória, caracterizada por desenvolvimento extraordinário em uma determinada área temática e restrições severas na capacidade mental para a maioria das demais atividades executadas (PURVES et al., 2008). Seus talentos especiais podem estar nos mais variados assuntos, como cálculo, artes, música, história e idiomas. Talvez o caso mais conhecido dessa síndrome seja o de Raymond Babbitt, interpretado por Dustin Hoffman no filme *Rain man*, de 1988. Nessa ficção, o personagem Raymond apresenta déficits severos na capacidade de interação social e realização de diversas tarefas, porém sua memória é excepcional, conseguindo armazenar informações lidas e ouvidas com extrema precisão. A inspiração para esse filme foi Kim Peek, um homem *savant* com notável habilidade em quinze áreas temáticas e que conseguiu ler e memorizar 12 mil livros (PEEK; HANSON, 2008)!

Além do caso de Kim Peek, outros casos já foram documentados, como o de R.W., um homem de 33 anos cujo talento especial está na memorização de calendários. Em um estudo de caso (PUENTE; HELLER; SEKELY, 2016), ele foi capaz de informar, após ser questionado por meio de datas, dias da semana específicos entre os anos 1920 e 2010 com 100% de acerto, e as respostas eram obtidas geralmente em menos de cinco segundos. Embora a existência da síndrome de *savant* esteja bem descrita na literatura, o modo pelo qual ocorre o surgimento da habilidade de cada indivíduo acometido ainda é obscuro, sendo explicado apenas por teorias. Entre tais teorias, uma delas seria a de que os *savants*, por apresentarem danos cerebrais nas áreas responsáveis pela limitação mental, sofreriam uma desinibição cerebral completa da área intacta e saudável responsável pelo talento, com aumento extraordinário da capacidade de realizar tal habilidade. Os *savants* representam apenas 1/2.000 (0,06%) dos indivíduos com deficiência mental (TREFFERT, 1988), sendo a maioria deles homens (a síndrome afeta de 4 a 6 vezes mais homens do que mulheres) (TREFFERT, 2014).

Figura 2.1. Memória dos *savants*.

Mas como ocorre, então, a formação de todas essas memórias? Neste capítulo, discutiremos as chamadas memórias de curto prazo (MCP), as quais fizeram parte dos exemplos narrados anteriormente, e entenderemos como atuam e quais os processos envolvidos na sua geração.

2.1 Visão geral das memórias de curto prazo

Existe certa controvérsia no que diz respeito à fragmentação da memória em diferentes tipos. Contudo, um modelo bastante aceito a diferencia em dois tipos: de curto prazo e de longo prazo (BADDELEY, 1986; BADDELEY; HITCH, 1974; REPOV; BADDELEY, 2006). Fato que corrobora a distinção entre os tipos de memória são os pacientes que, após sofrerem danos cerebrais específicos, apresentam prejuízo de apenas um dos tipos de memória, enquanto o outro tipo permanece intacto (SHALLICE; WARRINGTON, 1970; VALLAR; PAPAGNO, 2002).

Nosso sistema de armazenamento de informações pode ser entendido de modo bastante similar ao que ocorre nos computadores. Ao se trabalhar com um computador, é possível observar que nele operam a memória temporária (memória RAM) e a memória permanente (como o disco rígido) (NCERT, 2015). Da mesma maneira, no processamento cerebral humano, existem os dois tipos de memória, e a MCP está relacionada ao armazenamento temporário de pequenas

A memória de curto prazo está relacionada ao armazenamento temporário de pequenas informações por breves períodos.

informações por breves períodos (BADDELEY; ANDERSON; EYSENCK, 2010).

Para que uma informação seja retida pela MCP, ela deve ser percebida pelo indivíduo e, de acordo com o grau de atenção direcionado ao momento vivenciado, tal registro é transportado da memória sensorial (cuja duração é de menos de um segundo) para a MCP (que dura cerca de menos de trinta segundos) (NCERT, 2015).

Alguns estudos favorecem a aceitação da teoria de que a MCP pode ser dividida em diferentes subtipos (verbal, visual ou espacial), uma vez que nestes trabalhos foi possível observar que atividades verbais interferiam na MCP verbal, porém a MCP visual não era afetada (BROOKS, 1968). Em estudos de neuroimagem, constatou-se que os diferentes subtipos de MCP utilizavam diferentes áreas cerebrais (WAGNER; SMITH, 2003). Tais estudos demonstram que áreas específicas cerebrais são ativadas de acordo com o tipo de informação e a memória a ser retida.

2.2 Neurofisiologia das memórias de curto prazo

Os principais processos envolvidos na memória de curta duração são: codificação, manutenção e recuperação (JONIDES et al., 2008). Durante a codificação, o primeiro mecanismo a ser ativado é a percepção da informação. A partir daí, a informação é direcionada para o foco de atenção do indivíduo.

Nesse momento, a percepção pode ser racionalizada com base em informações do presente, assim como em informações adquiridas e então recuperadas do passado. Contudo, é interessante salientar que o foco de atenção em uma determinada informação, em um determinado momento, tende a deslocar o foco de outras informações simultâneas do presente e do passado. É por isso que os jogadores não se lembram com exatidão de seus passes após o término do jogo, e, da mesma maneira, nós muitas vezes não nos lembramos em qual local deixamos a chave ao chegar em casa.

Uma vez que a informação tenha sido direcionada à MCP, inicia-se o processo de manutenção. Na fase de manutenção de um determinado item na MCP, um dos principais mecanismos envolve o processo de repetição da informação. Dessa maneira, a cada repetição, ocorre novamente a codificação, e a memória é mantida. No momento em que essas repetições terminam, a informação é perdida (BADDELEY; ANDERSON; EYSENCK, 2010).

Outro sistema utilizado pela MCP para a manutenção é a fragmentação, que pode aumentar a eficiência de armazenamento (normalmente, a capacidade de armazenamento da MCP é de 7±2) (BADDELEY; ANDERSON; EYSENCK, 2010). Por exemplo: um indivíduo dificilmente conseguirá armazenar um número como 201245067893, porém, será mais fácil recordar-se deste número ao fragmentá-lo em 2012, 4506 e 7893, e associar tais sequências a eventos conhecidos, como o ano do nascimento de um filho, o número da casa ou os últimos dígitos de um telefone. É interessante notar ainda a presença de comunicação entre os diferentes tipos de memória, visto que o agrupamento de palavras, por exemplo, para facilitar a memorização de curta duração, depende de informações já armazenadas na memória de longo prazo.

Por fim, na fase de recuperação, há envolvimento do foco de atenção, que desloca a informação a ser recuperada à cognição, tornando possível recordar os dados armazenados na MCP (JONIDES et al., 2008). Esse processo é rápido, e os mecanismos envolvidos são bastantes similares aos que ocorrem na memória de longo prazo.

Embora durante muito tempo acreditou-se que a memória, uma vez armazenada, torna-se estável e consolidada, na atualidade já existem evidências comprovando que a fase de recuperação da memória pode fazer que ela se torne instável, necessitando da chamada fase de reconsolidação, que consiste no reprocessamento da informação, a qual pode ser então enfraquecida, atualizada ou reforçada, podendo, desse modo, sofrer alteração (SCHWABE; NADER; PRUESSNER, 2014; LEE, 2009; NADER; HARDT, 2009).

Assim como ocorre com a memória de longo prazo, na MCP há a participação do hipocampo para o registro de informações (MANOHAR; PERTZOV; HUSAIN, 2017). Diversos trabalhos demonstram que pacientes com lesões que afetam tal região apresentam dificuldade na capacidade de relacionar objetos a espaços (cenas) na memória de curta de duração. Dessa maneira, comprova-se a necessidade das atividades dos neurônios hipocampais para o registro de informações tanto por curtos períodos como por longos períodos (PERTZOV et al., 2013; WATSON, 2013).

As regiões corticais cerebrais desempenham também importante papel no estabelecimento das memórias (JONIDES et al., 2008). Após a percepção da informação, ela é armazenada na mesma região cortical na qual houve o processamento de quando foi percebida pelo indivíduo. Já as estruturas mediais temporais são responsáveis pela associação da informação a um contexto e também são necessárias durante a fase de recuperação da memória, nos casos em que não houve ainda consolidação do registro no neocortéx ou quando a associação com o contexto já não está mais no foco de atenção. E a atenção desprendida para que determinada informação seja armazenada, por sua vez, é controlada e limitada por processamentos nos córtices frontal e parietal, cujos neurônios, mediante disparos, são responsáveis pela modulação da capacidade do foco de atenção (JONIDES et al., 2008).

2.3 Memória de trabalho

A memória de trabalho é um tipo de MCP na qual ocorre processamento do que deve ou não ser armazenado, assim como manipulação da informação a ser armazenada, de modo a induzir ao raciocínio e à resolução de problemas (NEE; D'ESPOSITO, 2018). É ela que utilizamos quando realizamos duas tarefas ao mesmo tempo, como memorizar o endereço de uma casa enquanto procuramos papel para anotá-lo. A memória de trabalho, em geral, fica prejudicada com o avançar da idade, por necessitar do envolvimento da atenção em conjunto com a memória (com o envelhecimento, a atenção tende a declinar) (KENT, 2016).

Nos seres humanos, a memória de trabalho é constituída pela informação verbal e pela informação visuoespacial, as quais são coordenadas pelo processo de controle executivo, que, em tese, aloca recursos de atenção para esses sistemas verbal e visuoespacial, além de monitorar, manipular e atualizar informações armazenadas (KANDER, 2013).

No que diz respeito à neurofisiologia da memória de trabalho, alguns estudos sugerem que o córtex pré-frontal estaria envolvido no processamento de informação, enquanto estudos mais recentes sugerem o envolvimento do córtex sensorial (NEE; D'ESPOSITO, 2018). Os dados dissonantes encontrados na literatura podem ser resultado de diferenças na natureza do processamento da informação armazenada neste tipo de memória (NEE; D'ESPOSITO, 2018).

Referências

BADDELEY, A. D. *Working memory*. Oxford: Clarendon, 1986.

BADDELEY, A.; ANDERSON, M. C.; EYSENCK, M. W. *Memória*. Porto Alegre: Artmed, 2010.

BADDELEY, A. D.; HITCH, G. Working memory. In: BOWER, G. A. (ed.). *Recent advances in learning and motivation.* New York: Academic, 1974. v. 8, p. 47-90.

BROOKS, L. R. Spatial and verbal components of the act of recall. *Canadian Journal of Psychology*, v. 22, p. 349-368, 1968.

JONIDES, J. et al. The mind and brain of short-term memory. *Annual Review of Psychology*, v. 59, p. 193-224, 2008.

KANDER, E. R. et al. *Principles of neural science.* 5. ed. New York: McGraw-Hill, 2013.

KENT, P. L. Working memory: a selective review. *Applied Neuropsychology: Child*, v. 5, n. 3, p. 163-172, jul.-set. 2016.

LEE, J. L. Reconsolidation: maintaining memory relevance. *Trends in Neurosciences*, v. 32, n. 8, p. 413-420, ago. 2009.

MANOHAR, S. G.; PERTZOV, Y.; HUSAIN, M. Short-term memory for spatial, sequential and duration information. *Current Opinion in Behavioral Sciences*, v. 17, p. 20-26, out. 2017.

NADER, K.; HARDT, O. A single standard for memory: the case for reconsolidation. *Nature Reviews Neuroscience*, v. 10, n. 3, p. 224-234, mar. 2009.

NATIONAL COUNCIL OF EDUCATIONAL RESEARCH AND TRAINING (NCERT). Human memory. In: *Psychology:* textbook for class XI. 7. ed. New Delhi: NCERT, 2015. p. 131-148.

NEE, D. E.; D'ESPOSITO, M. The representational basis of working memory. *Current Topics in Behavioral Neurosciences*, v. 37, p. 213-230, 2018.

PEEK, F.; HANSON, L. L. *The life and message of the real rain man*. New York: Dude Publishing, 2008.

PERTZOV, Y. et al. Binding deficits in memory following medial temporal lobe damage in patients with voltage--gated potassium channel complex antibody-associated limbic encephalitis. *Brain*, v. 136, p. 2474-2485, 2013.

PUENTE, A. E.; HELLER, S.; SEKELY, A. Neuropsychological analysis of an idiot savant: A case study. *Applied Neuropsychology: Adult*, v. 23, n. 6, p. 459-463, nov.-dez. 2016.

PURVES, D. et al. *Neuroscience*. 4. ed. Sunderland: Sinauer Associates, 2008.

REPOV, G.; BADDELEY, A. D. The multi-component model of working memory: explorations in experimental cognitive psychology. *Neuroscience*, v. 139, p. 5-21, 2006.

SCHWABE, L.; NADER, K.; PRUESSNER, J. C. Reconsolidation of human memory: brain mechanisms and clinical relevance. *Biological Psychiatry*, v. 76, n. 4, p. 274-280, 15 ago. 2014.

SHALLICE, T.; WARRINGTON, E. K. Independent functioning of verbal memory stores: a neuropsychological study. *Quarterly Journal of Experimental Psychology*, v. 22, p. 261-273, 1970.

TREFFERT, D. A. The idiot savant: A review of the syndrome. *American Journal of Psychiatry*, v. 145, p. 563-572, 1988.

TREFFERT, D. A. Savant syndrome: realities, myths and misconceptions. *Journal of Autism and Developmental Disorders*, v. 44, n. 3, p. 564-571, mar. 2014.

VALLAR, G.; PAPAGNO, C. Neuropsychological impairments of verbal short-term memory. In: BADDELEY, A. D.; KOPELMAN, M. D.; WILSON, B. A. (orgs.). *The handbook of memory disorders*. 2. ed. Chichester, UK: Wiley; 2002. p. 249-270.

WAGNER, T. D.; SMITH, E. E. Neuroimaging studies of working memory: a meta-analysis. *NeuroImage*, v. 3, p. 255-274, 2003.

WATSON, P. D. et al. Spatial reconstruction by patients with hippocampal damage is dominated by relational memory errors. *Hippocampus*, v. 23, p. 570-580, 2013.

3. MEMÓRIA DE LONGO PRAZO

Gustavo Almeida de Carvalho, Ricardo Cambraia Parreira, Bruno Lemes Marques, Rodrigo R. Resende e Mauro Cunha Xavier Pinto

A memória é o processo pelo qual o conhecimento é codificado, armazenado e posteriormente evocado. A memória de longo prazo refere-se ao armazenamento de informações durante um período prolongado. Se você consegue se lembrar de algo que aconteceu há algumas horas, dias ou décadas, como a cor da camisa que sua mãe usou em seu aniversário no mês passado ou o nome de um remédio que você costumava tomar na sua infância, então este é um exemplo de memória de longo prazo (KANDEL et al., 2013).

Hermann Ebbinghaus (1850-1909) deu início aos primeiros estudos sobre memória e seu armazenamento, demonstrando que estes ocorrem em diferentes tempos de duração. Também investigou como os acontecimentos e as ideias estão associadas na mente, possibilitando, assim, a aprendizagem. Partindo dessa experiência, descobriu que a repetição era fundamental na consolidação da memória por meio de três princípios: a contiguidade (associar informações que ocorrem juntas), a similaridade (associar assuntos semelhantes) e o contraste (associar assuntos diferentes) (LENT, 2010; MAPURUNGA; CARVALHO, 2018).

Para além das referências sobre como ocorrem os processos de memória e aprendizagem, alguns estudiosos também buscavam identificar quais eram os circuitos neurais responsáveis por isso, separando os diferentes tipos de memória e as áreas cerebrais nas quais essas funções se manifestariam. A partir do século XX, surgiram algumas evidências sobre que regiões seriam responsáveis por essas capacidades. Por meio do estudo em pacientes que sofreram algum tipo de lesão no lobo temporal – e, por isso, apresentavam incapacidade de armazenar novas informações –, e de pesquisas e exames de neuroimagem, foi evidenciado que o hipocampo (localizado no lobo temporal e que também faz parte do sistema límbico, que é a unidade responsável pelas emoções e comportamentos sociais) é uma região que tem influência na aprendizagem e na memória (MAPURUNGA; CARVALHO, 2018).

Em meados da década de 1950, muitos estudos emergiram acerca das bases neurais da memória em pacientes que sofreram remoção bilateral do hipocampo como tratamento para a epilepsia. Um dos casos mais famosos é o do paciente H. M., estudado pela psicóloga Brenda Milner e pelo cirurgião William Scoville. H. M., homem de 27 anos, apresentava um caso de epilepsia intratável do lobo temporal em razão de uma lesão sofrida em um acidente aos 7 anos de idade. Quando adulto, suas crises o deixaram incapaz de trabalhar e levar uma vida normal. Scoville, por sua vez, removeu o hipocampo, a amígdala e partes do córtex temporal de ambos os hemisférios. Após a cirurgia, as crises de H. M. cessaram, mas ele passou a exibir um grave déficit de memória (amnésia) (KANDEL et al., 2013).

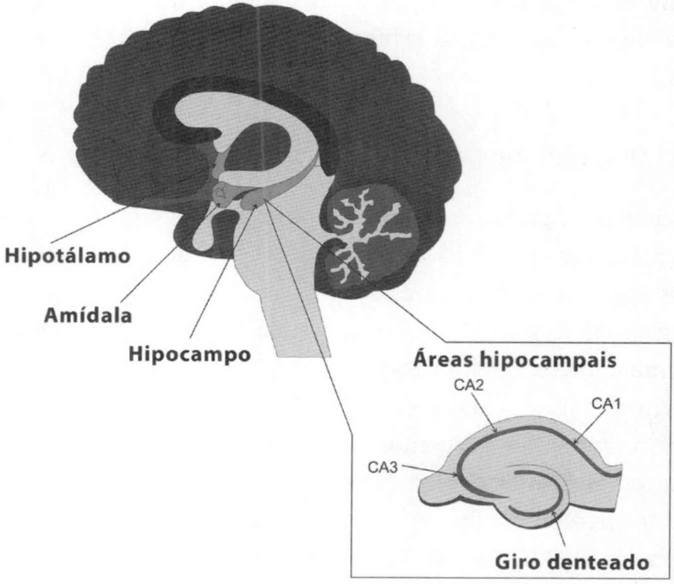

Figura 3.1. Estrutura do hipocampo (em corte sagital) localizada no lobo temporal e sua associação com o sistema límbico, destacando sua estrutura basicamente em quatro áreas: CA1, CA2, CA3 e giro denteado.

O mais notável na deficiência de H. M. era a especificidade da sua lesão. Sua memória de trabalho se manteve normal, assim como sua memória de longo prazo de acontecimentos ocorridos antes da cirurgia. No entanto, H. M. era incapaz de formar novas memórias de longo prazo com base nas memórias de curto prazo. O caso de H. M. é bastante famoso, pois elucidou a primeira ligação entre a memória e o lobo temporal medial, o que inclui o hipocampo (KANDEL et al., 2013).

3.1 Duração e capacidade da memória de longo prazo

Como o próprio nome diz, a memória de longo prazo (MLP) é aquela que armazena as informações obtidas por longos períodos, dias, meses, anos ou até mesmo algumas décadas. Por esse motivo, a MLP é também denominada memória remota. Uma característica importante da MLP é sua capacidade de armazenar informações por tempo indeterminado, bastando, para tanto, que tal memória seja reforçada com o passar dos anos. Os limites de sua capacidade de armazenamento são ainda desconhecidos, mas sabe-se que sua capacidade é muito grande (BEAR; CONNORS; PARADISO, 2017).

Para conseguir armazenar uma grande quantidade de informações por tanto tempo, o cérebro se modifica de algumas maneiras, realizando alterações estruturais (morfológicas) e sinápticas (funcionais) (HEBB, 1949). Quanto às alterações funcionais (ou seja, quando há o fortalecimento das conexões sinápticas), há evidências de que, quanto mais simples/básica é a memória a ser consolidada, menos sinapses precisarão ser modificadas. Por outro lado, quanto mais complexa é a memória, mais sinapses serão modificadas. Podemos denominar de "memórias simples", por exemplo, o conhecimento do fato de que não devemos colocar o dedo na tomada. Nesse caso, alguns milhões de sinapses modificadas em poucas regiões do cérebro são suficientes. Já em relação às "memórias complexas" (todo o conhecimento que aprendemos na escola, por exemplo), são necessários bilhões de novas sinapses em muitas áreas cerebrais. Isso quer dizer que, quanto mais complexa for uma memória, mais difusa ela se encontrará no cérebro. E, por outro lado, quanto mais simples, mais localizada ela estará. No entanto, a consolidação das informações apresenta ainda outras peculiaridades (GAZZANIGA; IVRY; MANGUN, 2006).

A primeira peculiaridade é quão lábil é a informação adquirida nas horas iniciais do processo de armazenamento. A formação de uma memória de longa duração leva, em média, entre três e oito horas. Enquanto esse tempo de formação não é concluído, esta pode sofrer alterações, apresentando-se suscetível, por exemplo, à ação de agentes externos como drogas, à interferência de outras memórias e ao aumento/declínio excessivo de neurotransmissores, como a dopamina, noradrenalina e acetilcolina.

Verificou-se de modo experimental que todos esses fatores, de alguma maneira pouco conhecida, interferem nos mecanismos cerebrais envolvidos no processo de consolidação da memória. Assim, muitas pessoas que sofreram um trauma muito grande (acidente de carro muito violento, por exemplo) relatam não ter lembranças de nada imediatamente antes da descarga de adrenalina promovida pelo susto (o que é denominado de amnésia retrógrada) (JAMES, 1890).

Outra peculiaridade da MLP é sua característica de não ser estável. Além das perdas que ocorrem logo durante o processo de consolidação, toda vez que a memória é evocada, ela é modificada pelo sistema. Assim, ao longo do tempo, ao relatar uma vivência de nossa infância, por exemplo, estamos cada vez mais distantes de relatar o que realmente aconteceu naquele evento. A evocação da memória nada mais é que um processo de edição dos fragmentos de uma memória, que são organizados pela memória de trabalho e pelas funções executivas com o propósito de formar um todo mais ou menos coerente. A evocação está longe de ser uma reprodução fiel das informações que foram "salvas" na nossa memória. Na verdade, é mais um processo criativo que reprodutivo (MOURÃO; MELO, 2011b).

3.2 Memória de longo prazo explícita ou declarativa

A memória explícita ou declarativa corresponde às memórias que estão prontamente acessíveis à nossa consciência e que podem ser evocadas por meio de palavras. É na memória explícita que estão armazenados os episódios da nossa infância, as imagens de uma viagem à Disney que fizemos há dez anos e todos os conhecimentos adquiridos na escola. A

A memória de longo prazo refere-se ao armazenamento de informações durante um período prolongado.

memória explícita pode se subdividir em duas categorias: (a) memória episódica, que é aquela ligada a experiências passadas, ou seja, a "episódios" da vida (uma viagem, um momento triste, o primeiro beijo, a primeira namorada etc.), e que guarda as informações relacionadas a um determinado momento na linha temporal, sendo, por esse motivo, responsável pela autobiografia; e (b) memória semântica, que diz respeito a conhecimentos sem tempo e espaço definidos. Trata-se de uma memória que não guarda momentos, mas, sim, fatos (o significado das palavras, os conhecimentos de química, as regras gramaticais de um idioma, símbolos, números etc.) (HILL, 2010). Essa subdivisão da memória explícita faz sentido, já que as memórias episódicas e semânticas estão relacionadas a diferentes áreas cerebrais, podendo ser afetadas de maneiras distintas em doenças que acometem o cérebro. Portanto, é possível que um paciente tenha déficits acentuados em sua memória episódica e mantenha sua memória semântica intacta (HILL, 2010).

Um aspecto interessante da memória explícita é que o conhecimento por ela consolidado interfere de maneira importante na nossa maneira de perceber o mundo e na tomada de decisões. Vivenciar uma experiência extremamente desagradável em determinado local nos leva a percebê-lo de maneira bastante negativa, e, provavelmente, evitaremos frequentar ou realizar algo nesse local. Essa característica assume um importante papel adaptativo, pois pode nos livrar de situações de perigo com base em alguma experiência negativa anterior.

Quando uma memória é adquirida numa situação de estresse, ansiedade ou medo, sua evocação será mais rápida e precisa em situações em que o indivíduo se encontre novamente em situações de estresse, medo ou ansiedade, ou seja, essa informação se torna um "gatilho" para essas experiências negativas anteriormente vivenciadas (MOURÃO; MELO, 2011a).

Outro aspecto adaptativo da memória explícita é a capacidade de esquecimento e de extinção da memória. A importância desses processos é bastante óbvia e está relacionada à economia de sinapses (sinapses desnecessárias são desfeitas) e à otimização na ocupação de áreas do córtex cerebral com excesso de informações. Portanto, tão importante quanto conseguir memorizar é conseguir esquecer. O esquecimento acontece pelo bombardeio de inúmeros estímulos do ambiente o tempo inteiro, muitos dos quais são totalmente irrelevantes. Por isso, selecionamos as informações mais importantes para serem armazenadas (MOURÃO; MELO, 2011a).

Indivíduos que, por algum motivo, são incapazes de esquecer, apresentam algumas dificuldades em outros aspectos cognitivos, por exemplo, na capacidade de interpretação da leitura, no raciocínio lógico-matemático etc. É como se o cérebro estivesse tão ocupado gravando cada vez mais informações que não é capaz de realizar outras atividades importantes, como processar as informações que está "gravando" sem parar. Alguns autores diferenciam esquecimento de extinção. Segundo eles, uma memória esquecida não pode mais ser evocada. Por outro lado, uma memória extinta é aquela que fica latente, mas que, diante de condições específicas, somos capazes de evocar (FLAVELL; MILLER; MILLER, 1999).

Como as memórias consolidadas se distribuem difusamente pelo córtex cerebral, a perda de memórias explícitas – denominada demência – acontece quando ocorrem lesões corticais extensas. É possível notar isso na doença de Alzheimer, na qual ocorre um acúmulo excessivo de proteínas anômalas formando oligômeros e emaranhados que impedem o trânsito normal de substâncias químicas no corpo celular dos neurônios e nas sinapses (BEAR; CONNORS; PARADISO, 2017).

3.3 Memória de longo prazo implícita ou não declarativa

As memórias de longo prazo implícitas ou não declarativas são aquelas que atuam no nível subconsciente e não são de processos intelectuais. Neste grupo incluímos os condicionamentos, as memórias motoras e o *priming*. Os condicionamentos nada mais são que associações que fazemos entre estímulos ou, então, entre determinados comportamentos com sua consequência (recompensa ou punição) (IZQUIERDO; MEDINA, 1997).

As memórias motoras são memórias que estão associadas a procedimentos e habilidades motoras. São mais difíceis de serem aprendidas, pois necessitam de bastante repetição para serem consolidadas. No entanto, uma vez consolidadas, se tornam automáticas e extremamente difíceis de serem esquecidas. Alguns exemplos de memórias motoras são aprender a andar de bicicleta ou tocar um instrumento musical. As regiões cerebrais que estão envolvidas no aprendizado e no armazenamento de habilidades motoras são as regiões do encéfalo relacionadas ao padrão motor (motricidade), o cerebelo e os núcleos da base (conhecido também como corpo estriado) (FUSTER, 2003).

Um fenômeno bastante curioso relacionado às memórias é o *priming* (também conhecido como pré-ativação). O *priming* é um tipo de memória que é induzido por pistas ou dicas. Em alguns momentos, por exemplo, quando estamos tentando lembrar de uma música ou de um poema e não conseguimos, se alguém cantarolar as primeiras notas da música ou declamar o início dos primeiros versos de um poema, quase instantaneamente nos lembramos de todo o restante, como se fosse uma reação em cadeia. Não se sabe ainda quais regiões do cérebro estão envolvidas no processo do *priming*, porém acredita-se que seja um fenômeno difuso e que sua localização tenha a ver com o tipo de estímulo da pista/dica. Se for visual, ele se associa a disparos de neurônios do córtex occipital (área visual primária); se for auditiva, os disparos são de neurônios do lobo temporal (área auditiva primária), e assim sucessivamente. No entanto, áreas neocorticais de associação, como o córtex pré-frontal, estão com certeza envolvidas nesse fenômeno, uma vez que o *priming* envolve integração temporal de informações (LASHLEY, 1963, KANDEL et al., 2013).

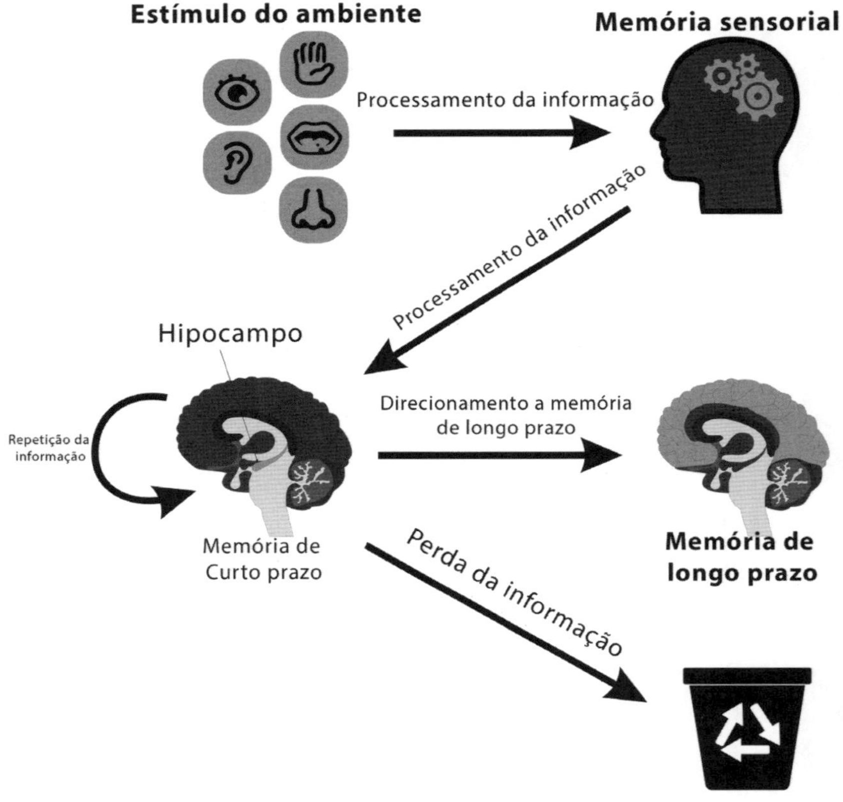

Figura 3.2. Com base em de estímulos do ambiente, os órgãos sensoriais captam a informação e a processam, de modo que as informações úteis, quando repetidas, são "armazenadas" como memória de longo prazo. As memórias de curto prazo, quando não fortalecidas, são "apagadas". Todo esse processo se dá no hipocampo e, posteriormente, no córtex.

3.4 Conclusão

Finalmente, vale destacar que estudar a memória é algo extremamente complicado em razão de dois problemas de ordem metodológica. Primeiro, não há como estudar a memória de maneira "pura", pois os processos de memória estão totalmente ligados a outros processos cognitivos, como função executiva, atenção, emoção, motivação, linguagem, nível de estresse etc. Segundo, os inúmeros testes psicométricos propostos a fim de avaliar a memória apresentam um grande inconveniente: em todos eles, é o examinador que escolhe que informação o paciente deve guardar e evocar, quando e como isso deve se dar. No entanto, sabemos que na vida real não é isso o que ocorre, pois é o sujeito que decide o que, quando e como deve lembrar de algo, e isso não é passível de ser medido por meios objetivos.

Referências

BEAR, M. F.; CONNORS, B. W.; PARADISO, M. A. *Neurociências*: desvendando o sistema nervoso. 4. ed. Porto Alegre: Artmed, 2017.

FLAVELL, J. H.; MILLER, P. H.; MILLER, S. A. *Desenvolvimento cognitivo*. 3. ed. Porto Alegre, RS: Artmed, 1999.

FUSTER, J. M. *Cortex and mind*: unifying cognition. New York: Oxford University Press, 2003.

GAZZANIGA, M. S.; IVRY, R. B.; MANGUN, G. R. *Neurociência cognitiva*: a biologia da mente. 2. ed. Porto Alegre: Artmed, 2006.

HEBB, D. O. *Organization of behavior*: a neuropsychological theory. New York: Wiley, 1949.

HILL, C. S. *Consciousness*. Cambridge, UK: Cambridge University Press, 2010.

IZQUIERDO, I.; MEDINA, J. H. Memory formation: the sequence of biochemical events in the hippocampus and its connection to activity in other brain structures. *Neurobiology of Learning and Memory*, v. 68, n. 3, p. 285-316, 1997.

JAMES, W. *The principles of psychology*. Chicago, IL: Cosimo, 2007.

KANDEL, E. R. et al. *Principles of neural science*. 5. ed. New York: McGraw-Hill, 2013.

LASHLEY, K. S. *Brain mechanisms and intelligence*. New York: Dover, 1963.

LENT, R. *Cem bilhões de neurônios?* Conceitos fundamentais de neurociência. 2. ed. São Paulo: Atheneu, 2010. 786 p.

MAPURUNGA, L. A.; CARVALHO, E. B. A memória de longo prazo e a análise sobre sua função no processo de aprendizagem. *Revista Ensino, Educação e Ciências Humanas*, v. 19, n. 1, p. 66-72, 2018.

MOURÃO, C. A., Jr.; MELO, L. B. R. Explorando a função executiva: a bateria de avaliação frontal. In: BARBOSA, A. J.

G. (org.). *Atualizações em psicologia social e desenvolvimento humano*. Juiz de Fora, MG: Editora da Universidade Federal de Juiz de Fora, 2011a. p. 5-193.

MOURÃO, C. A., Jr.; MELO, L. B. R. Integração de três conceitos: função executiva, memória de trabalho e aprendizado. *Psicologia: Teoria e Pesquisa*, v. 27, n. 3, p. 309-314, 2011b.

4. MEMÓRIA FLASH E TRAUMAS

Raphaela Almeida Chiareli, Ricardo Cambraia Parreira, Bruno Lemes Marques, Rodrigo R. Resende e Mauro Cunha Xavier Pinto

4.1 Introdução

Onde você estava quando soube do acidente que vitimou a banda Mamonas Assassinas, dos ataques terroristas do 11 de setembro de 2001 ou da eliminação da Seleção Brasileira da Copa do Mundo de 2014?

Variantes dessa pergunta são frequentemente feitas, e, geralmente com grande entusiasmo, as pessoas respondem com memórias vívidas, elaboradas e confiantes, memórias que elas afirmam que nunca esquecerão. Brown e Kulik (1977) chamaram essas memórias autobiográficas de memórias flash, para capturar a impressão de que as pessoas tiraram uma fotografia de si mesmas enquanto tomavam conhecimento de um evento público e altamente emocional (Figura 4.1) (HIRST; PHELPS, 2016; BROWN; KULIK, 1977).

O termo memória flash refere-se apenas àquelas memórias autobiográficas que envolvem as circunstâncias em que se soube de um evento público. Elas diferem das memórias que podem se formar se alguém realmente experimentou o evento em si, em vez de simplesmente saber dele por outra pessoa (HIRST; PHELPS, 2016).

Elas também diferem das lembranças de fatos relativos ao evento que tiver induzido a memória flash; por exemplo, no caso do ataque de 11 de setembro, a lembrança de que quatro aviões estavam envolvidos. Embora o termo possa ser enganoso, na medida em que esses três tipos de memórias envolvem eventos, memórias relativas a fatos relevantes são muitas vezes chamadas de memórias de eventos (HIRST; PHELPS, 2016).

4.2 Estudos feitos para entender um pouco mais sobre as memórias flash

O estudo feito por Brown e Kulik, em 1977, teve como objetivo investigar se eventos chocantes são lembrados mais vividamente e com maior precisão que outros eventos. Eles avaliaram se os participantes se lembravam das circunstâncias em que estavam quando souberam do assassinato de John F. Kennedy e chegaram à conclusão de que os pacientes tinham memórias vívidas sobre onde estavam, o que estavam fazendo e como se sentiram sobre o assassinato. O estudo apresentava várias limitações, pois os pesquisadores pediram somente para as pessoas se lembrarem, e não existia uma maneira de saber se aquelas memórias estavam realmente corretas (HIRST; PHELPS, 2016; BROWN; KULIK, 1977).

Neisser e Harsch, em 1992, testaram a teoria das memórias flash, investigando até que ponto as memórias sobre a explosão do Challenger podiam ser precisas após um período de tempo. Fizeram o teste com estudantes que responderam a um questionário explicando detalhes sobre o Challenger. Após dois anos e meio, os estudantes responderam novamente o questionário. Houve uma diferença grande entre o questionário original e o que se seguiu quanto à precisão das respostas. Conclui-se, então, que as memórias flash não são tão precisas quanto Brown e Kulik previam (HIRST; PHELPS, 2016; NEISSER; HARSCH, 1992).

Em um outro estudo publicado em 2007, pesquisadores resolveram investigar a atividade cerebral enquanto as pessoas se lembravam de uma memória flash. O estudo foi realizado três anos após o ataque de 11 de setembro, usando ressonância magnética para medir a atividade cerebral em duas situações: quando as pessoas envolvidas no estudo se lembravam de uma memória autobiográfica e quando se lembravam da memória do 11 de setembro. Elas foram divididas em dois grupos, as que estavam próximo do ataque e as que estavam mais distantes do local onde ocorreu o ataque. O estudo encontrou resultados interessantes: as pessoas que estavam mais perto do local do ataque lembraram de muito mais informações sobre o ataque e apresentaram atividade na amígdala enquanto lembravam do evento, ao passo que aquelas que não estavam perto não mostraram qualquer diferença entre os eventos de 11 de setembro e qualquer outra memória. Os pesquisadores, então, chegaram à conclusão de que a testemunha de um evento traz mais memórias emocionais e, assim, cria memórias mais duradouras do evento chocante (SHAROT et al., 2007; HIRST; PHELPS, 2016).

Figura 4.1. Memórias flash, ou *flashbulb memories*, são memórias autobiográficas que envolvem as circunstâncias em que se soube de um evento público.

As memórias flash são aquelas raras instâncias em que a história pessoal e a história geral se encaixam. Consequentemente, elas podem influenciar a identidade social de uma comunidade. Os quarenta anos de pesquisa sobre memórias flash e suas memórias de eventos associadas permitiram que os psicólogos começassem a entender a similaridade e as diferenças em como as pessoas formam as memórias flash e as memórias de eventos. A pesquisa, no entanto, está fortemente inclinada a investigar eventos públicos negativos, uma tendência que liga as memórias flash às memórias traumáticas. Pesquisas futuras podem investigar eventos provocadores positivos, como a eleição de Barack Obama para a presidência dos Estados Unidos, já que eventos positivos também afetam tanto a história pessoal como a história geral (KOPPEL et al., 2013).

4.3 Quais são as causas prováveis e os mecanismos neurais para a formação de memórias flash com seus atributos específicos?

Pesquisas sobre as memórias flash abordaram essa questão, e elas têm consistentemente encontrado uma excitação emocional provocada por um evento central para a formação da memória flash. A excitação emocional pode provocar uma memória flash direta ou indiretamente, por meio de sua influência sobre outras variáveis associadas ao evento, como a surpresa, a importância pessoal ou o ensaio subsequente do evento. Em consonância com isso, várias descobertas mostraram que a excitação emocional, assim como a surpresa ligada a um evento, foi associada a uma melhor qualidade das memórias flash (TALARICO; RUBIN, 2003).

Estudos apontam que as principais regiões de interesse envolvidas com a sua formação foram o lobo temporal medial (LTM) e o lobo frontal (LF). Vários estudos forneceram evidências da importância do sistema de memória no LTM, incluindo o hipocampo e os córtices entorrinal, perirrinal e para-hipocampal adjacentes, para estabelecer memórias de longo prazo de eventos e, geralmente, a recuperação de memórias autobiográficas. Com base nessa evidência, pode-se dizer que as estruturas de memória do LTM provavelmente desempenham papel igualmente significativo na formação e consolidação da memória flash autobiográfica (BUDSON et al., 2004).

Em pacientes com epilepsia do lobo temporal, mostrou-se prejuízo na memória flash em comparação com participantes saudáveis. No entanto, a maioria dos estudos que examinam a memória flash em pacientes com danos no LTM encontrou um comprometimento global da memória nesses pacientes, revelando dificuldade em se recordar de informações tanto do evento em si quanto do evento de recepção. Afinal, há evidências de que a deficiência pode ser mais forte na memória flash do que em outras memórias autobiográficas (BUDSON et al., 2004).

O LF é importante para a lembrança de processos, incluindo a recuperação de detalhes contextuais (isto é, memória de origem) que forneceram a base para o papel do LF nas memórias flash. Pacientes com lesão do LF tiveram dificuldades em se lembrar das circunstâncias durante as quais souberam dos

As memórias flash são aquelas raras instâncias em que a história pessoal e a história geral se encaixam. Consequentemente, elas podem influenciar a identidade social de uma comunidade.

ataques de 11 de setembro, mas não em lembrar fatos sobre os ataques (DAVIDSON et al., 2005).

O LTM, assim como o LF, desempenha um papel significativo na formação, consolidação ou recuperação de memórias flash. No entanto, sugere-se que os mecanismos subjacentes à memória flash não possam ser atribuídos apenas aos processos envolvidos na memória geral autobiográfica (DAVIDSON et al., 2005).

Vários autores sugerem que a memória flash poderia ser vista como um tipo especial de memória emocional (autobiográfica) e poderia, portanto, adicionalmente, depender de mecanismos neurais de memória emocional (DAVIDSON; COOK; GLISKY, 2006).

Ao examinar os correlatos neurais das memórias emocionais, a amígdala demonstrou desempenhar um papel significativo, além de sua importância revelada no processamento de estímulos emocionalmente excitantes. Isso pode se dar em parte pelas numerosas conexões da amígdala com as estruturas de memória no LTM, para que a ativação da amígdala possa influenciar os processos de codificação e a consolidação da memória nessas estruturas. A fundamentação para o papel modulatório proposto para a amígdala na memória emocional é derivada de estudos que examinam pacientes com dano amigdalar bilateral, cujo comprometimento emocional tem sido consistente, embora sem comprometimento da memória neutra. Além disso, as deficiências na memória emocional também foram encontradas em pacientes com lesão amigdalar unilateral: pacientes com lesão amigdalar esquerda parecem se lembrar mais de estímulos emocionais verbais do que pacientes com dano amigdalar à direita. Além disso, ocorre ativação da amígdala durante a codificação de estímulos emocionalmente de valência negativa e positiva, mas não durante a codificação de estímulos neutros (PHELPS et al., 1998; RITCHEY; DOLCOS; CABEZA, 2008).

Foi também demonstrado que a ativação da amígdala é aprimorada durante a recuperação bem-sucedida de memórias flash; mais uma vez, a ativação da amígdala durante a recuperação de memórias flash pode estar especificamente envolvida em uma melhor qualidade na lembrança, mas não em processos familiares durante a recuperação da memória emocional (SHAROT; DELGADO; PHELPS, 2004).

Gläscher e Adolphs (2003) propuseram que a amígdala direita poderia mediar uma reação inicial, relativamente automática e indiferenciada atribuível a um sistema de detecção rápida de emoções, enquanto a amígdala esquerda poderia mediar a reação emocional subsequente, mais detalhada e diferenciadora. Com base em todos esses resultados, concluímos que a amígdala também pode ser crucial para a formação das memórias flash (GLÄSCHER; ADOLPHS, 2003; SPANHEL et al., 2018).

4.4 Traumas e memória flash

Uma razão para um interesse em memórias flash é que seu estudo pode ajudar psicólogos a entenderem as memórias traumáticas. Sua relevância pode ser vista em duas linhas de pesquisa diferentes. Primeiro, estudos epidemiológicos após o ataque de 11 de setembro estabeleceram que muitas pessoas na área da cidade de Nova York que não experimentaram diretamente os eventos no local experimentaram, no entanto, sintomas de transtorno de estresse pós-traumático. Segundo, estudos de imagem do cérebro mostraram níveis aumentados de atividade da amígdala após três anos para aquelas pessoas que estavam perto do local, mas não no local. A amígdala é uma estrutura cerebral envolvida no processamento emocional e na memória; contudo, a ligação entre memórias flash e trauma, sugerida por essa pesquisa, precisa ser abordada com cautela. O horror de vivenciar diretamente um evento traumático pode impactar o observador de maneiras que não poderiam ser antecipadas examinando aqueles que apenas aprenderam sobre o evento traumático (HIRST; PHELPS, 2016).

Com essa ressalva em mente, ainda ressaltamos que, de acordo com o trabalho sobre as memórias flash, a confiança que as pessoas frequentemente têm em suas memórias traumáticas pode não ser totalmente justificada. Além disso, como outras memórias autobiográficas, memórias traumáticas podem estar repletas de erros, mesmo depois de passado um tempo relativamente curto. Finalmente, a persistência e a confiança na memória não garantem sua precisão. Os erros podem começar a surgir dentro de semanas e certamente dentro de um ano, e, uma vez incorporados à memória, esses erros podem persistir e os indivíduos podem ficar confiantes por muitos anos, talvez uma vida inteira. Naturalmente, essas possíveis memórias imprecisas podem ser alteradas, seja pela introdução de informações enganosas ou pela correção de informações errôneas (HIRST; PHELPS, 2016).

Referências

BROWN, R.; KULIK, J. Flashbulb memories. *Cognition*, v. 5, n. 1, p. 73-99, 1977.

BUDSON, A. E. et al. Memory and emotions for the September 11, 2001, terrorist attacks in patients with Alzheimer's disease, patients with mild cognitive impairment, and healthy older adults. *Neuropsychology*, 2004, v. 18, n. 2, p. 315-327, 2004.

DAVIDSON, P. S.; COOK, S.P.; GLISKY, E. L. Flashbulb memories for September 11th can be preserved in older adults. *Neuropsychology, Development, and Cognition*, Section B, Aging, neuropsychology and cognition, v. 13, n. 2, p. 196-206, 2006.

DAVIDSON, P. S. et al. Source memory in the real world: a neuropsychological study of flashbulb memory. *Journal of Clinical and Experimental Neuropsychology*, v. 27, n. 7, p. 915-929, 2005.

GLÄSCHER, J.; ADOLPHS, R. Processing of the arousal of subliminal and supraliminal emotional stimuli by the human amygdala. *Journal of Neuroscience*, v. 23, n. 32, p. 10274-10282, 2003.

HIRST, W.; PHELPS, E. A. Flashbulb memories. *Current Directions in Psychological Science*, v. 25, n. 1, p. 36-41, 2016.

KOPPEL, J. et al. Remembering President Barack Obama's inauguration and the landing of US Airways Flight 1549: a comparison of the predictors of autobiographical and event memory. *Memory*, v. 21, n. 7, p. 798-806, 2013.

NEISSER, U.; HARSCH, N. Phantom flashbulbs: false recollections of hearing the news about Challenger. In: WINOGRAD, E.; NEISSER, U. (orgs.). *Affect and accuracy in recall*: studies of "flashbulb" memories. New York: Cambridge University Press, 1992. p. 9-31. (Emory symposia in cognition).

PHELPS, E. A. et al. Specifying the Contributions of the Human Amygdala to Emotional Memory: a Case Study. *Neurocase*, v. 6, n. 4, p. 527-540, 1998.

RITCHEY, M.; DOLCOS, F.; CABEZA, R. Role of amygdala connectivity in the persistence of emotional memories over time: an event-related FMRI investigation. *Cerebral Cortex*, v. 18, n. 11, p. 2494-2504, 2008.

SHAROT, T.; DELGADO, M. R.; PHELPS, E. A. How emotion enhances the feeling of remembering. *Nature Neuroscience*, v. 7, n. 12, p. 1376-1380, 2004.

SHAROT, T. et al. How personal experience modulates the neural circuitry of memories of September 11. *Proceedings of the National Academy of Sciences of the United States of America*, v. 104, n. 1, p. 389-394, 2007.

SPANHEL, K. et al. Flashbulb memories: is the amygdala central? An investigation of patients with amygdalar damage. *Neuropsychologia*, v. 111, p. 163-171, 2018.

TALARICO, J. M.; RUBIN, D. C. Confidence, not consistency, characterizes flashbulb memories. *Psychological Science*, v. 14, n. 5, p. 455-461, 2003.

5. DOENÇAS QUE AFETAM A MEMÓRIA

Daniel Mendes Filho, Bruno Lemes Marques, Mauro Cunha Xavier Pinto, Rodrigo R. Resende e Ricardo Cambraia Parreira

É comum esquecermos onde deixamos nosso celular ou mesmo onde estacionamos o carro (quem nunca?). Em geral, esses pequenos lapsos de memória não são graves e certamente podem ser atribuídos ao estresse, bem como à falta de concentração – poucos de nós vivem no momento presente; o tempo todo estamos pensando no que fizemos, ou no que faremos, o passado e o futuro nos dominam. Se você também padece desses males, fique tranquilo; no Capítulo 7, você verá que é possível fortalecer sua memória. Mas e os casos mais graves, que não estão relacionados ao estresse ou à falta de concentração? Nesses casos, temos doenças que afetam a memória, as quais costumam estar associadas a demências. As demências são síndromes, ou seja, distúrbios que afetam vários sistemas do organismo e, portanto, incluem sinais e sintomas variados. Essas síndromes demenciais se caracterizam pela perda da memória (especialmente a de curto prazo), por transtornos de personalidade, além de problemas de raciocínio, linguagem e localização no tempo e no espaço (JUNQUEIRA, 2013; LENT, 2005). Entre as principais demências já descritas, estão as enumeradas na Figura 5.1, as quais serão abordadas a seguir.

Figura 5.1. "Onde será que deixei a chave?" Esse pequeno esquecimento é comum, mas se, com o tempo, surgirem outras dúvidas, como "Onde eu moro?", acompanhadas de lembranças apagadas sobre a família, amigos e *hobbies*, podemos estar diante de uma doença que afeta a memória.

5.1 Doença de Alzheimer

Também conhecida como demência senil, a doença de Alzheimer é a doença neurodegenerativa mais comum do mundo (IAB, [s.d.]; REITZ; MAYEUX, 2014), afetando cerca de 30 milhões de pessoas - número este que tende a dobrar até 2050, o que levou o G8 (grupo dos oito países mais ricos do mundo) a exortar os cientistas a encontrarem uma cura até 2025 (PRINCE et al., 2013). Essa doença, descrita pela primeira vez em 1906 pelo médico alemão Alois Alzheimer, possui patogênese complexa (suas causas ainda não foram completamente entendidas) (LENT, 2005). Por outro lado, sabe-se que seu surgimento se vincula a um conjunto de fatores ambientais e genéticos (alterações nos genes APOE4, APP, PSEN1 e PSEN2), os quais, somados ao próprio envelhecimento da pessoa, resultam em distúrbios celulares (REITZ; MAYEUX, 2014; SCHELTENS et al., 2016). Esses distúrbios são causados principalmente pelo acúmulo no tecido cerebral do peptídeo beta-amiloide e da proteína tau. Essas substâncias se acumulam na forma de placas e aglomerados (pequenas esferas móveis), os quais prejudicam a nutrição neuronal e a comunicação sináptica (LENT, 2005) – neurônios vizinhos não conseguem mais trocar informações. Por conseguinte, ocorre a morte dessas células cerebrais, principalmente no hipocampo e no córtex pré-frontal (regiões do cérebro envolvidas na memória e no comportamento emocional e social) (SCHELTENS et al., 2016).

O aparecimento dos primeiros sintomas da doença de Alzheimer ocorre, em geral, após os 65 anos e passa despercebido. As pessoas com Alzheimer começam se esquecendo de coisas simples das quais qualquer um de nós também se esquece – "Onde será que deixei as chaves do carro? Fechei as janelas?". Além disso, outros sintomas, como momentos de confusão e dificuldade de raciocínio, são vistos com naturalidade pelo fato de o doente geralmente ser idoso (LENT, 2005; IAB, [s.d.]; SCHELTENS et al., 2016). Entretanto, à medida que a doença vai progredindo, esses sintomas se tornam mais intensos e frequentes (o indivíduo repete várias vezes a mesma pergunta e não consegue memorizar coisas simples, por exemplo), ao passo que outros, como transtornos de personalidade, sonolência diurna e falta de equilíbrio, vão surgindo (LENT, 2005; IAB, [s.d.]). Muitas vezes, familiares e amigos só suspeitam de doença de Alzheimer quando esse quadro demencial já está avançado e a própria convivência com o doente está prejudicada (JUNQUEIRA, 2013; LENT, 2005; IAB, [s.d.]).

O diagnóstico da doença costuma ser preciso apenas com testes neuropsicológicos (IAB, [s.d.]; SCHELTENS et al., 2016). Biomarcadores presentes no plasma sanguíneo e no líquido cerebroespinal, além de exames de neuroimagem, complementam os testes neuropsicológicos no processo de diagnóstico da doença de Alzheimer (REITZ; MAYEUX, 2014). Seu tratamento é basicamente sintomático e envolve terapias farmacológicas (como suplementação com vitamina E, donepezil, memantina e medicamentos inibidores da enzima colinesterase) e não farmacológicas, como exercícios físicos (EPPERLY; DUNAY; BOICE, 2017).

Terapias experimentais para doença de Alzheimer são pesquisadas há décadas e envolvem, por exemplo: imunoterapia (como uma vacina experimental contra proteínas tau patológicas chamada AADvac1) (NOVAK et al., 2017); administração de fatores de crescimento que estimulam os neurônios e previnem sua morte (como o fator de crescimento do nervo, NGF) (TRIACA et al., 2016); musicoterapia (pessoas com Alzheimer que praticam canto apresentam melhora no humor, na memória e na sociabilidade) (OSMAN; TISCHLER; SCHNEIDER, 2016; SIHVONEN et al., 2017); e terapia celular. Quanto a esta última, pode-se citar um trabalho no qual a terapia com células-tronco mesenquimais (MSC) de cordão umbilical sobre um modelo de Alzheimer em camundongos demonstrou redução no estresse oxidativo no hipocampo, promoção da neurogênese e, graças a esses efeitos, melhora nas funções cognitivas dos animais (CUI et al., 2017). Anos de resultados promissores em modelos animais - como esse mencionado - embasaram testes clínicos (em especial na Europa, Ásia e Estados Unidos) usando diversos tipos celulares, principalmente MSC. Nos Estados Unidos, em 2015, a Food and Drug Administration (FDA), órgão responsável pelo controle de medicamentos, liberou a execução de estudos clínicos de fase 2 com MSC administradas via intravenosa em pacientes com demência média a moderada causada por doença de Alzheimer (HUNSBERGER et al., 2016).

Muitas questões ainda precisam ser respondidas a fim de que a terapia celular seja clinicamente viável (HUNSBERGER et al., 2016): qual o melhor tipo/fonte de células para cada fase do desenvolvimento da doença? Qual a quantidade mínima de células a ser administrada? Qual a melhor via de administração? Existem efeitos colaterais em longo prazo? Depois de esclarecidas essas questões e outras relacionadas à segurança da terapia celular, os estudos clínicos avançarão, e é provável que dentro de alguns anos esse tratamento seja disponibilizado e possa levar à cura em alguns casos de doença de Alzheimer.

5.2 Demência vascular por AVC

O grande temor da maioria das pessoas quanto aos acidentes vasculares cerebrais ou encefálicos (AVC, popularmente conhecidos como derrames) é ficar com uma parte do corpo paralisada ou mesmo em estado vegetativo. No entanto, os AVC podem levar ao surgimento da demência vascular. A demência vascular é o segundo tipo de demência mais comum, atrás apenas da doença de Alzheimer (SMITH, 2017). No caso da demência vascular, o prejuízo na memória e no raciocínio se deve às doenças vasculares, em especial a AVC acumulativos que vão se somando e causando gradativamente a demência. Os AVC são interrupções na perfusão sanguínea para o cérebro, privando-o de oxigênio e nutrientes. Essa falta de irrigação sanguínea pode ocorrer pela aterosclerose com oclusão de artérias que levam sangue para o cérebro (AVC isquêmicos) ou pelo rompimento de algum desses vasos sanguíneos (AVC hemorrágicos) (JUNQUEIRA, 2013). Como consequência dos AVC, pode haver morte celular em regiões importantes para a memória, como o hipocampo, o tálamo e as projeções talamocorticais – o que gera, também, outros sintomas semelhantes aos da doença de Alzheimer, entre os

É comum esquecer onde o celular foi deixado ou mesmo onde estacionamos o carro. Contudo, nos casos mais graves, os lapsos de memória podem estar associados a síndromes chamadas demências.

quais confusão, alterações de personalidade/humor e dificuldades motoras e de linguagem (IADECOLA, 2013). Além disso, a demência vascular pode coexistir com a doença de Alzheimer em uma mesma pessoa, dificultando tanto o diagnóstico como a escolha do tratamento mais eficiente. O diagnóstico da demência vascular depende da anamnese (análise do histórico do paciente), de exames físicos, testes neuropsicológicos e exames de imagem. O tratamento é sintomático e depende do tipo de AVC que levou à demência vascular (SMITH, 2017; IADECOLA, 2013). Entretanto, independentemente do tipo de AVC, acumulam-se evidências dos benefícios de tratamentos baseados em música nas demências vasculares. De acordo com estudos recentes, ouvir, cantar ou tocar um instrumento musical melhora as habilidades motoras, a fala e a memória de pessoas acometidas por demências vasculares (efeitos também observados sobre outras doenças neurodegenerativas e demências como a doença de Alzheimer, a doença de Parkinson, a esclerose múltipla e a doença de Huntington) (OSMAN; TISCHLER; SCHNEIDER, 2016; SIHVONEN et al., 2017; VAN BRUGGEN-RUFI et al., 2016).

5.3 Doença de Huntington

Tudo começa com perda de memória, depressão, dificuldades de atenção, quedas e irritabilidade. Gradativamente vão aparecendo sintomas mais graves envolvendo movimentos anormais incontroláveis, transtornos psiquiátricos, dificuldade de se comunicar e perda completa da memória. Esses são alguns dos sintomas característicos da doença descrita pelo médico americano George Huntington em 1872 – a doença de Huntington –, cujos sintomas aparecem geralmente entre os 20 e os 65 anos (MA, 2006; ABH, [s.d.]).

A doença de Huntington (ou coreia de Huntington) é uma doença genética causada por uma mutação no gene HD, localizado no cromossomo 4, que leva a uma alteração na proteína huntinina, fazendo com que se acumulem resíduos do aminoácido glutamato nessa proteína. A huntinina normal é importante para o desenvolvimento embrionário, na sinalização e no transporte celular. Já sua forma alterada causa morte celular e atrofia, principalmente no córtex cerebral e no corpo estriado, o que está ligado, respectivamente, aos distúrbios cognitivos/psiquiátricos e de movimento (MA, 2006; ABH, [s.d.]; GIL-MOHAPEL; REGO, 2011).

Para o diagnóstico da doença de Huntington também são empregados testes neuropsicológicos e exames de imagem, assim como em outros tipos de doenças neurodegenerativas e demências. Além disso, é necessária a análise do histórico familiar e um teste genético, a fim de detectar a mutação no gene HD (ABH, [s.d.]; GIL-MOHAPEL; REGO, 2011).

Assim como na doença de Alzheimer, os tratamentos disponíveis para a doença de Huntington são focados na atenuação dos sintomas e podem ser divididos em farmacológicos e não farmacológicos. O tratamento farmacológico utiliza remédios antipsicóticos, antidepressivos e ansiolíticos, os quais, em conjunto, aliviam os sintomas psiquiátricos e motores. Entre os medicamentos comumente utilizados, pode-se citar: tetrabenazina (TBZ), citalopram e atomoxetina. O tratamento não farmacológico complementa os efeitos do farmacológico e consiste em sessões de fisioterapia, psicoterapia e fonoaudiologia (ABH, [s.d.]; WYANT; RIDDER; DAYALU, 2017).

Pesquisas de novos tratamentos envolvendo terapia gênica, terapia celular e musicoterapia são promissoras. Como exemplo de pesquisa em terapia gênica, pode-se citar um trabalho que demonstrou que o uso do oligonucleotídeo (CUG)7 foi capaz de reduz em até 60% a quantidade de huntinina alterada em um modelo de doença de Huntington em camundongos (DATSON et al., 2017). Na terapia celular, um exemplo interessante foi o uso de células-tronco mesenquimais previamente tratadas com lítio e ácido valproico – essas células reduziram a taxa de morte de neurônios e agregação de huntinina alterada em camundongos com Huntington (LINARES et al., 2016). A musicoterapia para doença de Huntington, por sua vez, demonstra os mesmos efeitos benéficos já comprovados para outras demências e citados anteriormente neste capítulo (como melhora nas funções cognitivas e na sociabilidade e redução dos sintomas psiquiátricos) (VAN BRUGGEN-RUFI et al., 2016).

5.4 Doença de Creutzfeldt-Jakob

Desde a década de 1980, quando surgiu na Inglaterra, a encefalopatia espongiforme bovina (EEB), conhecida como "doença da vaca louca", causa terror em qualquer um que tenha testemunhado, ao vivo ou por vídeo, seus sintomas. O que nem todos sabem é que existem versões humanas de encefalopatias espongiformes, sendo a mais comum a doença de Creutzfeldt-Jakob (STERNBACH; DIBBLE; VARON, 1997; LANDEMBERGER et al., 2015).

Essas doenças são causadas pelo acúmulo no cérebro de proteínas príons (do inglês, *pro*teinaceuous *in*fections *on*ly). A forma normal dessas proteínas cumpre funções fisiológicas importantes no cérebro dos mamíferos, como modulação da sinalização celular e mesmo neurogênese (formação de novos neurônios). No entanto, a forma alterada das proteínas príons, conhecida como príon scrapie (PrP^{SC}), converte outras proteínas príons normais em PrP^{SC}. O acúmulo crescente de proteínas príons alteradas no cérebro causa morte de neurônios, gerando lesões chamadas espongioses – lacunas no tecido nervoso, o qual passa a se assemelhar a uma esponja. Essas espongioses levam rápida e progressivamente às manifestações características das demências (STERNBACH; DIBBLE; VARON, 1997; LANDEMBERGER et al., 2015; NELSON; COX, 2002).

Na maioria dos casos de Creutzfeldt-Jakob, a forma de contaminação por príons é desconhecida. No entanto, há casos em que as pessoas desenvolveram essa doença priônica em razão de uma mutação genética herdada, de transplantes de órgãos contaminados ou mesmo de consumo de carne de animais com a "doença da vaca louca" (LANDEMBERGER et al., 2015).

O diagnóstico da doença de Creutzfeldt-Jakob se dá principalmente pela avaliação clínica das funções neurológicas. Ainda não existem tratamentos efetivos para essa demência fatal causada por príons - cerca de 90% dos afetados morrem entre seis meses e um ano. Após a morte, a confirmação do diagnóstico é feita por biópsia e necropsia (LANDEMBERGER et al., 2015; SHARMA et al., 2017).

Há muito ainda o que descobrir no campo das encefalopatias espongiformes. Ao menos quanto a um diagnóstico mais rápido, existe uma aparente correlação entre a doença de Creutzfeldt-Jakob esporádica e sinais de AVC: exames imagenológicos negativos para AVC em pacientes idosos, com fatores de risco e sintomas primários de AVC, podem sugerir um caso de doença de Creutzfeldt-Jakob (SHARMA et al., 2017).

5.5 Demência traumática (pugilística)

Se você já assistiu a uma luta de boxe, com certeza deve ter se perguntado se as tremendas pancadas que os boxeadores levam não causam algum "problema na cabeça" - a resposta é sim, elas podem causar um tipo de demência. Conhecida cientificamente como encefalopatia traumática crônica (ETC), a demência traumática é uma doença muito relacionada ao pugilismo (boxe), sendo, portanto, também conhecida por demência pugilística. A ETC é consequência de traumas cranioencefálicos repetitivos, os quais levam à deposição de proteína tau hiperfosforilada em diversas regiões do cérebro, com consequente atrofia dessas regiões. Os sintomas podem aparecer rapidamente após um golpe forte, porém, o mais comum é surgirem após os 50 anos (quando o atleta já está aposentado) (AREZA-FEGYVERES; CARAMELLI; NITRINI, 2005; MCKEE et al., 2013).

A despeito de sua vinculação com o boxe, esse tipo de demência também afeta veteranos de guerra e atletas de outras modalidades nas quais ocorrem traumas repetidos na cabeça (MCKEE et al., 2013), como hóquei, rúgbi, futebol americano e MMA (artes marciais mistas). Em 2016, uma autópsia no corpo do lutador de MMA Jordan Parsons, vítima de atropelamento, revelou que ele apresentava sinais da doença. Muhammad Ali, Maguila e Éder Jofre são outros lutadores famosos que desenvolveram a demência traumática.

Os sintomas da ETC dependem do estágio da doença, variando desde insônia, dor de cabeça, falta de coordenação motora, irritabilidade e desorientação até depressão, agressividade, comprometimento da fala, perda de memória e do controle muscular. Não raro, tais sintomas se confundem com os da doença de Alzheimer e da doença de Parkinson – rigidez postural e tremor nas mãos, por exemplo. Especificamente no caso da doença de Alzheimer, muitos cientistas já cogitaram a possibilidade de a demência pugilística ser uma variante de Alzheimer, pois traumas cranianos são fatores de risco para desenvolvê-la. No entanto, comparando o tecido cerebral em ambas as doenças, observam-se diferenças importantes que eliminam essa possibilidade. Assim, o diagnóstico de demência traumática deve ser cuidadoso e considerar não apenas os resultados de testes neuropsicológicos, mas também os de eletroencefalograma e tomografia computadorizada (AREZA-FEGYVERES; CARAMELLI; NITRINI, 2005; MCKEE et al., 2013).

Até agora não existe tratamento para esse tipo de demência. Entretanto, é possível que o lítio seja usado para tratar os sintomas psiquiátricos, principalmente a depressão e as tendências suicidas frequentemente observadas na ETC (GHAEMI; MAUER, 2016). Por isso, é extremamente importante a prevenção da demência traumática com o uso de equipamentos de proteção e a implementação de regras mais adequadas, visando à proteção dos atletas nos esportes de contato (MCKEE et al., 2013).

5.6 Demência por falta de vitamina B12

Vitaminas são micronutrientes fundamentais para o bom funcionamento do nosso organismo, sendo importantes na produção de energia, na diferenciação de células e no crescimento de tecidos. As bactérias benéficas dos nossos intestinos (microbiota intestinal) conseguem produzir algumas vitaminas, mas essa produção é insuficiente – por isso, precisamos ingerir alimentos que as contenham.

As vitaminas podem ser classificadas em lipossolúveis (vitaminas A, D, E e K, as quais dependem das gorduras que ingerimos para serem dissolvidas e absorvidas) e hidrossolúveis (vitaminas C e B, capazes de se dissolver nos fluidos intestinais) (BOSQUEIRO, 2009). Cada um desses micronutrientes desempenha funções de extrema importância, e a carência de qualquer um deles acarreta consequências graves para a saúde. Mas vamos agora nos ater às vitaminas B, cuja deficiência gera graves problemas de memória e raciocínio, caracterizando um tipo de demência.

Vitaminas B são um conjunto formado pelas vitaminas B1, B2, B3, B6 e B12. Em comum elas têm estruturas químicas e funções fisiológicas parecidas: atuam no metabolismo de carboidratos, aminoácidos, proteínas, ácidos graxos e lipídeos. A vitamina B12, em especial, participa nos processos de desenvolvimento do sistema nervoso e na formação da bainha de mielina (uma capa lipídica que recobre os neurônios, permitindo a rápida transmissão de impulsos nervosos por meio deles) (BOSQUEIRO, 2009; GRÖBER; KISTERS; SCHMIDT, 2013).

A deficiência (hipovitaminose) de vitamina B12 é acompanhada por distúrbios no sangue (em particular nas hemácias, o que leva à anemia perniciosa), problemas de pele e distúrbios neuropsiquiátricos. Com relação a esses problemas neurológicos, as pessoas com hipovitaminose começam sentindo formigamento e dormência nos pés e mãos, além de falta de coordenação motora. Dependendo do grau de hipovitaminose, os neurônios do cérebro também podem ser afetados, o que resulta em sintomas característicos das demências: problemas de memória, raciocínio, apatia, depressão e até mesmo mudanças de comportamento (GRÖBER; KISTERS; SCHMIDT, 2013; SISWANTO et al., 2015). Mas o que leva alguém a desenvolver essa hipovitaminose e, dependendo da gravidade dela, a demência por falta de vitamina B12?

Como vimos anteriormente, para que nosso corpo tenha à sua disposição quantidades suficientes das vitaminas, precisamos ingeri-las. A vitamina B12 está presente principalmente nos alimentos de origem animal (carnes e ovos, por exemplo). Assim, pessoas que desejem seguir dietas vegetarianas e veganas devem procurar um médico e um nutricionista antes de adotá-las, a fim de suprir os nutrientes que possam faltar. Além disso, bebidas alcoólicas, doenças intestinais e determinados medicamentos (para gastrite e diabetes tipo 2) podem atrapalhar a absorção da vitamina B12 nos intestinos e causar hipovitaminose. Outros elementos de risco são a gravidez, as doenças autoimunes e a infecção por HIV (nesses casos há uma demanda maior por vitamina B12). A idade também é um fator de risco para hipovitaminose de B12, pois pessoas idosas (mais de 65 anos) tendem a absorver menos vitamina B12 nos intestinos (GRÖBER; KISTERS; SCHMIDT, 2013;

SISWANTO et al., 2015). O diagnóstico da falta de vitamina B12 depende de exames clínicos e da dosagem dessa vitamina no sangue. Nas pessoas idosas, essa demência por falta de vitamina B12 pode ser confundida com a doença de Alzheimer ou a demência vascular, pela semelhança nos sintomas. Nos casos de demência por hipovitaminose, a suplementação com vitamina B12 por via oral ou injeções intramusculares reverte o quadro, e mesmo nas outras demências essa suplementação pode ser benéfica. Apesar de algumas controvérsias, diversos estudos demonstraram a capacidade da vitamina B12 de melhorar a memória, o raciocínio e até de diminuir a atrofia cerebral (ou seja, reverter a diminuição do tamanho e da massa do cérebro) em casos de demências (GRÖBER; KISTERS; SCHMIDT, 2013; VOGIATZOGLOU et al., 2008; CLARKE et al., 2003; REMINGTON et al., 2016).

5.7 Prevenindo as doenças da memória

Além das mesmas causas primárias (mau funcionamento ou morte de neurônios, por exemplo) e de sintomas similares, as demências ainda não têm tratamentos curativos eficazes - à exceção da demência por falta de vitamina B12. Contudo, alguns hábitos podem evitar ou retardar o desenvolvimento dessas doenças que afetam a memória. Podemos citar entre esses hábitos: não fumar, praticar exercícios físicos regularmente, ter uma dieta saudável (com uma quantidade adequada de todos os nutrientes) e, sobretudo, manter a mente ativa (JUNQUEIRA, 2013; IAB, [s.d.]).

Pessoas com nível educacional maior possuem mais sinapses entre os neurônios e, portanto, têm elevadas reservas cognitivas (resiliência do cérebro diante do desgaste natural do envelhecimento, de traumas ou de doenças neurodegenerativas) (STERN, 2012). Por isso, quanto mais estudo você tiver, menos chances de desenvolver demências terá.

O hábito da leitura, aprender a tocar um instrumento musical, jogar xadrez, fazer palavras-cruzadas e até mesmo jogar *video game* são outras atividades que podem prevenir essas doenças ou no mínimo atenuar seus sintomas (JUNQUEIRA, 2013; IAB, [s.d.]; STERN, 2012). Por fim, tem destaque entre todas as atividades mencionadas o aprendizado da música, pois, como vimos anteriormente, tocar, cantar e ouvir música têm se mostrado ferramentas valiosas também no tratamento das demências (assista ao documentário *Alive inside: uma história de música e memória*, 2014).

5.8 Sugestões de filmes e documentários sobre doenças que afetam a memória[1]

Iris – Filme sobre a romancista inglesa Iris Murdoch, que, no início dos anos 1990, começa a experimentar as primeiras

1 Recomendações retiradas de Alzheimer 360 (2017) e Congresso Nacional de Alzheimer (2015).

manifestações da doença de Alzheimer. Direção: Richard Eyre (Reino Unido/Estados Unidos, 2001)

The Alzheimer's project – Série sobre os efeitos da doença nos pacientes e em seus familiares, e também sobre as últimas descobertas científicas na busca pela cura. Realização: HBO (Estados Unidos, 2009)

Convivendo com a doença de Huntington – Documentário que tem como função mostrar o que é a DH e como é para acometidos, cuidadores, familiares e médicos conviver com ela. Realização: Universidade Anhembi Morumbi (Brasil, 2010)

Amor – Georges e Anne são ex-professores de música octogenários. Sua filha, Eva, é musicista e mora em outro país. Após um derrame, Anne fica com um lado do corpo paralisado. Direção: Michael Haneke (França/Alemanha/Áustria, 2012)

A vida em post-it – Documentário sobre Christine, que tem a doença de Alzheimer em estágio inicial, e sua filha Fiona. Realização: BBC (Reino Unido, 2006)

Mal de Huntington – Curta sobre os efeitos da doença de Huntington, dirigido por dois irmãos que têm a doença em seu histórico familiar. Direção: Jean-Baptiste Pinette e Johnny Pinette (Canadá, 2012)

Para sempre Alice – Filme sobre Alice Howland, uma professora de linguística diagnosticada com Alzheimer pouco depois de seu aniversário de 50 anos. Direção: Richard Glatzer e Wash Westmoreland (Estados Unidos, 2014)

Alive inside: uma história de música e memória - Documentário sobre o efeito da música em pacientes com demência. Direção: Michael Rossato-Bennett (Estados Unidos, 2014)

Um homem entre gigantes - Filme sobre a descoberta de casos de encefalopatia traumática crônica na NFL, a liga de futebol americano dos Estados Unidos, pelo médico nigeriano Bennet Omalu na década de 2000. Direção: Peter Landesman (Estados Unidos, 2015)

Referências

ALZHEIMER 360. 12 filmes sobre Alzheimer para se emocionar e informar. 23 fev. 2017. Disponível em: http://alzheimer360.com/filmes-sobre-alzheimer/. Acesso em: 27 ago. 2017.

AREZA-FEGYVERES, R.; CARAMELLI, P.; NITRINI, R. Encefalopatia traumática crônica do boxeador (dementia pugilistica). *Revista de Psiquiatria Clínica*, São Paulo, v. 32, n. 1, 2005.

ASSOCIAÇÃO BRASIL HUNTINGTON (ABH). Tudo sobre Doença de Huntington. [s.d.] Disponível em: http://abh.org.br/. Acesso em: 8 set. 2017.

BOSQUEIRO, J. R. Digestão e absorção. In: CURI, R.; PROCÓPIO, J. *Fisiologia básica*. Rio de Janeiro: Guanabara Koogan, 2009. cap. 45. p. 654-657.

CLARKE, R. et al. Effect of vitamins and aspirin on markers of platelet activation, oxidative stress and homocysteine in people at high risk of dementia. *Journal of Internal Medicine*, v. 254, n. 1, p. 67-75, jul. 2003.

CONGRESSO NACIONAL DE ALZHEIMER (CONAZ). 8 filmes sobre Alzheimer que você precisa assistir. 27 jun. 2015. Disponível em: http://conaz.com.br/portal/8-filmes-sobre-alzheimer-que-voce-precisa-assistir/. Acesso em: 27 ago. 2017.

CUI, Y. et al. Human umbilical cord mesenchymal stem cells transplantation improves cognitive function in Alzheimer's disease mice by decreasing oxidative stress and promoting hippocampal neurogenesis. *Behavioural Brain Research*, v. 320, p. 291-301, 1° mar. 2017.

DATSON, N. A. et al. The expanded CAG repeat in the huntingtin gene as target for therapeutic RNA modulation throughout the HD mouse brain. *PLOS One*, v. 12, n. 2, e0171127, 9 fev. 2017.

EPPERLY, T.; DUNAY, M. A.; BOICE, J. L Alzheimer disease: pharmacologic and nonpharmacologic therapies for cognitive and functional symptoms. *American Family Physician*, v. 95, n. 12, p. 771-778, 15 jun. 2017.

GHAEMI, N.; MAUER, S. A cure for CTE? *Medscape Psychiatry*, 15 jan. 2016. Disponível em: http://www.medscape.com/viewarticle/857105_3. Acesso em: 5 set. 2017.

GIL-MOHAPEL, J. M.; REGO, A. C. Doença de Huntington: uma revisão dos aspectos fisiopatológicos. *Revista Neurociências*, v. 19, n. 4, p. 724-734, 2011.

GRÖBER, U.; KISTERS, K.; SCHMIDT, J. Neuroenhancement with vitamin B12 - Underestimated neurological significance. *Nutrients*, v. 5, n. 12, p. 5031-5045, dez. 2013.

HUNSBERGER, J. G. et al. Accelerating stem cell trials for Alzheimer's disease. *Lancet Neurology*, v. 15, n. 2, p. 219-230, fev. 2016.

IADECOLA, C. The pathobiology of vascular dementia. *Neuron*, v. 80, n. 4, p. 844-866, 20 nov. 2013.

INSTITUTO ALZHEIMER BRASIL (IAB). Demências > Doença de Alzheimer. [s.d.] Disponível em: http://www.institutoalzheimerbrasil.org.br. Acesso em: 20 ago. 2017.

JUNQUEIRA, G. L. Dêmencia e disfunção cognitiva, doença de Alzheimer e outras Demência-Memória. In: JUNQUEIRA, G. L. *Passeando pela neurologia* (Orientação para leigos). Ribeirão Preto: Funpec, 2013. cap. 8, p. 61-72.

LANDEMBERGER, M. C. et al. Proteína príon: biologia molecular, aspectos fisiológicos e patológicos, diagnóstico e interesse sanitário. In: RESENDE, R. R.; SOCCOL, C. R. *Biotecnologia aplicada à saúde*: fundamentos e aplicações.

São Paulo: Blucher, 2015. cap. 17, p. 713-744. (Coleção Biotecnologia Aplicada à Saúde, v. 2).

LENT, R. N. Vida e morte do sistema nervoso: desenvolvimento embrionário, maturação pós-natal, envelhecimento e morte do sistema nervoso. In: LENT, R. N. *Cem bilhões de neurônios?* Conceitos fundamentais de neurociência. 2. ed. São Paulo: Atheneu, 2005. cap. 2, p. 65-69.

LINARES, G. R. et al. Preconditioning mesenchymal stem cells with the mood stabilizers lithium and valproic acid enhances therapeutic efficacy in a mouse model of Huntington's disease. *Experimental Neurology*, v. 281, p. 81-92, jul. 2016.

MA, T. P. Núcleos da base. In: HAINES, Duane E. *Neurociência fundamental para aplicações básicas e clínicas*. 3. ed. Rio de Janeiro: Elsevier, 2006. cap. 26, p. 497-498.

MCKEE, A. C. et al. The spectrum of disease in chronic traumatic encephalopathy. *Brain*, v. 136, p. 43-64, 2013.

NELSON, D. L.; COX, M. M. Estrutura tridimensional das proteínas. In: NELSON, D. L.; COX, M. M. *Princípios de bioquímica de Lehninger*. São Paulo: Sarvier, 2002. cap. 6, p. 153.

NOVAK, P. et al. Safety and immunogenicity of the tau vaccine AADvac1 in patients with Alzheimer's disease: a randomised, double-blind, placebo-controlled, phase 1 trial. *Lancet Neurology*, v. 16, n. 2, p. 123-134, fev. 2017.

OSMAN, S. E.; TISCHLER, V.; SCHNEIDER, J. 'Singing for the brain': a qualitative study exploring the health and well-being benefits of singing for people with dementia and their carers. *Dementia*, Londres, v. 15, n. 6, p. 1326-1339, nov. 2016.

PRINCE, M. et al. The global prevalence of dementia: a systematic review and meta-analysis. *Alzheimer's & Dementia*, v. 9, p. 63-75, 2013.

REITZ, C.; MAYEUX, R. Alzheimer disease: epidemiology, diagnostic criteria, risk factors and biomarkers. *Biochemical Pharmacology*, v. 88, n. 4, p. 640-651, 15 abr. 2014.

REMINGTON, R. et al. Maintenance of cognitive performance and mood for individuals with Alzheimer's disease following consumption of a nutraceutical formulation: a one-year, open-label study. *Journal of Alzheimer's Disease*, v. 51, n. 4, p. 991-995, 2016.

SCHELTENS, P. et al. Alzheimer's disease. *Lancet*, v. 388, n. 10043, p. 505-517, 30 jul. 2016.

SHARMA, D. K. et al. Creutzfeldt-Jakob disease presenting as stroke: a case report and systematic literature review. *Neurologist*, v. 22, n. 2, p. 48-53, mar. 2017.

SIHVONEN, A. J. et al. Music-based interventions in neurological rehabilitation. *Lancet Neurology*, v. 16, n. 8, p. 648-660, ago. 2017.

SISWANTO, O. et al. Examining the association between vitamin B12 deficiency and dementia in high-risk hospitalized patients. *Journal of Nutrition, Health & Aging*, v. 19, n. 10, p. 1003-1008, dez. 2015.

SMITH, E. E. Clinical presentations and epidemiology of vascular dementia. *Clinical Science*, Londres, v. 131, n. 11, p. 1059-1068, 1º jun. 2017.

STERN, Y. Cognitive reserve in ageing and Alzheimer's disease. *Lancet Neurology*, v. 11, n. 11, p. 1006-1012, nov. 2012.

STERNBACH, G.; DIBBLE, C. L.; VARON, J. From Creutzfeldt--Jakob disease to the mad cow epidemic. *Journal of Emergency Medicine*, v. 15, n. 5, p. 701-705, set.-out. 1997.

TRIACA, V. et al. NGF controls APP cleavage by downregulating APP phosphorylation at Thr668: relevance for Alzheimer's disease. *Aging Cell*, v. 15, n. 4, p. 661-672, ago. 2016.

VAN BRUGGEN-RUFI, M. et al. Music therapy in Huntington's disease: a protocol for a multi-center randomized controlled trial. *BMC Psychology*, v. 4, p. 38, 2016.

VOGIATZOGLOU, A. et al. Vitamin B12 status and rate of brain volume loss in community-dwelling elderly. *Neurology*, v. 71, n. 11, p. 826-832, 9 set. 2008.

WYANT, K. J.; RIDDER, A. J.; DAYALU, P. Huntington's Disease – Update on treatments. *Current Neurology and Neuroscience Reports*, v. 17, n. 4, p. 33, abr. 2017.

6. TRAUMATISMO CRANIOENCEFÁLICO

Raphaela Almeida Chiareli, Ricardo Cambraia Parreira, Bruno Lemes Marques, Rodrigo R. Resende e Mauro Cunha Xavier Pinto

6.1 Introdução

Traumatismo cranioencefálico (TCE) é definido como uma alteração na função cerebral ou outra evidência de patologia cerebral causada por uma força externa (MENON et al., 2010). A alteração na função cerebral pode ser definida como um dos seguintes sinais clínicos: qualquer sinal de perda ou declínio do nível de consciência, qualquer perda de memória para eventos imediatamente anteriores (amnésia retrógrada) ou posteriores à lesão (amnésia pós-traumática), déficit neurológico (fraqueza, perda de equilíbrio, alterações de visão, paralisia, perda de sensações, entre outras) e qualquer alteração no estado mental na hora da lesão (confusão, desorientação, entre outros) (MENON et al., 2010).

Indivíduos acometidos por TCE podem apresentar déficits de atenção, de cognição, de processamento sensorial, de comunicação, depressão grave, ansiedade, alterações de personalidade, agressão e dificuldades nas relações sociais. O TCE também é um fator de risco epigenético para doenças neurológicas, como doença de Alzheimer, doença de Parkinson e depressão (PEARN et al., 2017).

As características mais prevalentes e debilitantes em sobreviventes de traumatismo encefálico são déficits cognitivos e disfunções motoras. O déficit cognitivo mais comum entre os pacientes com TCE grave é a perda de memória, caracterizada por perda de memórias específicas e incapacidade parcial de formar ou armazenar novas memórias. A recuperação natural após o TCE é maior nos primeiros seis meses após a lesão, e depois disso é mais gradual, mas o resultado varia com os diferentes tipos de lesão cerebral (XIONG; MAHMOOD; CHOPP, 2009).

6.2 Fisiopatologia do TCE

6.2.1 Danos primários

TCE é uma desordem heterogênea com diferentes formas de apresentação. O fator comum é que o dano cerebral ocorre por uma força externa, que pode ser um impacto direto, uma rápida aceleração e desaceleração, um objeto penetrante (projétil de arma de fogo), ou ondas de choques de uma explosão (MAAS; STOCCHETTI; BULLOCK, 2008).

Em um nível macroscópico, os danos incluem cortes dos tratos da substância branca, contusões focais, hematomas e edemas generalizados. Em nível celular, os eventos que ocorrem minutos ou horas após o TCE incluem formação de poros nas membranas das células, abertura de canais iônicos e alterações conformacionais de proteínas. Os vasos sanguíneos podem ser lesionados, causando hemorragias (MAAS; STOCCHETTI; BULLOCK, 2008).

6.2.2 Danos secundários

Cada tipo de lesão na cabeça pode iniciar diferentes mecanismos fisiopatológicos, com extensão e duração variáveis. Esses mecanismos (atuação simultânea e frequentemente com efeitos sinérgicos) e a intensidade dos insultos sistêmicos determinam a extensão do dano cerebral secundário. Processos secundários se desenvolvem ao longo de horas e dias, e incluem liberação de neurotransmissores, geração de radicais livres, danos mediados pelo excesso de cálcio, ativação de genes, disfunção mitocondrial e respostas inflamatórias (MAAS; STOCCHETTI; BULLOCK, 2008).

Glutamato e outros neurotransmissores excitatórios exacerbam o vazamento dos canais iônicos, pioram o inchaço astrocitário, e contribuem para o inchaço do cérebro e aumento da pressão intracraniana. A liberação de neurotransmissores continua por muitos dias após o TCE em seres humanos, com aumento da pressão intracraniana e formação de radicais livres, que é uma das principais causas de morte celular necrótica precoce. A ativação gênica precoce e a liberação de moléulas pró-apoptóticas (por exemplo, caspases) induzem a morte neuronal por apoptose. Uma terceira causa potencial de morte celular é a autofagia, que também pode desempenhar um papel importante (MAAS; STOCCHETTI; BULLOCK, 2008).

A resposta inflamatória é um componente importante do TCE, particularmente em torno de contusões e micro-hemorragias. A resposta máxima ocorre dentro de alguns dias, mas as citocinas são liberadas da microglia, astrócitos e polimorfonucleares dentro de horas após o TCE, levando ao aumento da permeabilidade da barreira hematoencefálica. A resposta inflamatória pode ser deletéria em excesso, porém ela é necessária para limpar os detritos celulares e sinais inflamatórios que podem desencadear a regeneração tecidual. Portanto, a inflamação no TCE pode ser útil e também prejudicial (MAAS; STOCCHETTI; BULLOCK, 2008).

A disfunção mitocondrial pode causar um déficit energético após o TCE, com uma diminuição da produção de ATP e consumo de oxigênio. Isso pode levar à abertura de um poro de transição mitocondrial, desencadeando um fenômeno autodestrutivo que induz apoptose e necrose (MAAS; STOCCHETTI; BULLOCK, 2008).

Existem diferentes tipos de lesões associadas ao TCE. A seguir, descreveremos alguns tipos.

6.3 Lesões focais

São compostas por fraturas e hematomas ou áreas isquêmicas bem delimitadas que acometem apenas uma região cerebral. Nas lesões puramente focais, presume-se que o restante do encéfalo esteja preservado.

6.3.1 Fraturas cranianas

Podem ser classificadas quanto a sua localização, como fraturas da abóbada craniana ou fraturas na base do crânio. Esses dois tipos podem ainda ser subdivididos em fraturas lineares ou com afundamentos. Decorrem de traumas com baixa energia cinética, nos quais existe o contato da cabeça contra estruturas rígidas externas. As fraturas lineares costumam ser consequência de traumas que deformam a abóbada craniana, enquanto os afundamentos refletem uma colisão mais pontual. As fraturas lineares isoladas não costumam causar danos cerebrais, porém elas podem estar associadas a lesões de estruturas vasculares que causam complicações potencialmente fatais, como os hematomas epidurais (ver mais adiante). No caso em que ocorre a abertura da dura-máter, o paciente passa a correr risco de fístula liquórica, meningite e abscesso cerebral (ZHU; WANG; LIU, 2009).

As fraturas na base do crânio podem se dar na fossa anterior, medial ou posterior. A incidência de fístula traumática carotídea é maior em pacientes com fraturas na fossa anterior ou posterior, especialmente quando as fraturas são transversas ou oblíquas (ZHU; WANG; LIU, 2009).

6.3.2 Hematomas epidurais

Classicamente, é o resultado de um golpe direto na região temporal, às vezes causando uma fratura craniana, com consequente rompimento da artéria meníngea média, fazendo que o sangue se acumule entre o crânio e a dura-máter. Hematomas epidurais geralmente resultam de um impacto de alta energia (por exemplo, ser atingido por uma bola de beisebol). Clinicamente, existe muitas vezes um período lúcido, quando a pessoa parece ter se recuperado do atordoamento ou do estado de inconsciência. A pessoa, então, desenvolve uma dor de cabeça severa, e pode ocorrer um declínio progressivo na consciência de minutos a horas após a lesão. O acúmulo de sangue aumenta a pressão intracraniana, e somente uma neurocirurgia pode evitar a morte (com a drenagem do sangue acumulado). O parênquima cerebral geralmente não está lesionado. Embora as fraturas cranianas ocorram em até 90% dos pacientes com hematoma epidural, sua ausência não exclui o sangramento (KERR, 2013; GALGANO et al., 2017).

6.3.3 Hematomas subdurais

Os hematomas subdurais são mais comuns que os hematomas epidurais. Ocorrem em razão de um impacto de alta energia na cabeça que danifica as veias sob a dura-máter.

Traumatismo cranioencefálico (TCE) é definido como uma alteração na função cerebral ou outra evidência de patologia cerebral causada por uma força externa.

Podem evoluir rapidamente se houver também uma fratura craniana. Existe uma taxa de mortalidade de 30% a 40% e, muitas vezes, morbidez residual se a pessoa acometida sobreviver (KERR, 2013).

Enquanto os hematomas epidurais são quase sempre encontrados na forma aguda, os hematomas subdurais têm apresentações variadas com base na idade do paciente e na cronicidade dos hematomas. Eles geralmente ocorrem via aceleração/desaceleração da superfície do cérebro contra a superfície inferior do crânio, causando lesões cortantes nas veias da ponte. Podem ser bastante perigosos para o paciente no contexto do trauma, pois geralmente envolvem um grau muito maior de lesão cerebral subjacente do que um hematoma epidural. O edema cerebral subjacente é um fator bastante complicado. Existem alguns hematomas subdurais que passam despercebidos ao paciente por um período de tempo. Como o sangue agudo no espaço subdural se liquefaz ao longo do tempo, hematomas subdurais crônicos podem ser encontrados. Na sua forma crônica, sua apresentação clínica não é tão rápida e progressiva como na fase aguda. Eles tendem a ser encontrados com aparência mais crônica na população idosa, por causa de agentes antiplaquetários ou anticoagulantes que essas pessoas utilizam. O hematoma subdural crônico tende a ser mais insidioso, com dores de cabeça, hemiparesia, problemas de fala, confusão e capacidade mental alterada. Em raras ocasiões, um paciente apresentará significativa deterioração neurológica por causa de doença unilateral ou hematoma subdural crônico bilateral (GALGANO et al., 2017).

6.3.4 Contusões cerebrais

A contusão cerebral é composta de áreas hemorrágicas ao redor de pequenos vasos sanguíneos e tecido cerebral necrótico. Usualmente, a hemorragia se inicia nos giros cerebrais, que é onde ocorre maior atrito entre o cérebro e as estruturas rígidas do crânio. As contusões podem ser decorrentes da agressão direta ao parênquima cerebral, como no caso das fraturas com afundamento do crânio ou pelo movimento do encéfalo dentro da caixa craniana, que pode levar ao esmagamento do parênquima contra a base do crânio ou outras estruturas rígidas. Quando ocorre a ruptura da pia-máter, a contusão passa a se chamar laceração. Os locais mais comuns de contusões em traumatismos cranianos fechados são a base do lobo frontal, a ponta do lobo temporal e a região ao longo da foice. Uma vez estabelecida a lesão, forma-se uma área de edema ao seu redor que pode crescer durante vários dias e gerar um importante efeito de massa. O pico do edema costuma acontecer três dias após o trauma. Depois disso, a tendência da lesão é ser absorvida, resultando em uma cicatriz (GALGANO et al., 2017).

6.4 Lesões difusas

6.4.1 Concussões cerebrais

As lesões concussivas são frequentemente vistas como TCE leves, sem qualquer dano estrutural bruto secundário a um material não penetrante. Elas geralmente acontecem por golpes diretos na cabeça com forças subsequentes de aceleração/desaceleração. Uma lesão concussiva geralmente deixa o indivíduo com diferentes níveis transitórios de estado mental alterado, variando desde uma ligeira confusão até um estado real de inconsciência por poucos minutos. Uma imagem neurorradiográfica de rotina, como tomografia computadorizada e ressonância magnética, não mostram nenhuma anormalidade imediata. Foi postulado que graus leves de dano axonal ocorrem mesmo em face de um TCE moderado (GALGANO et al., 2017).

Uma condição muito rara, observada com mais frequência em atletas, é a segunda síndrome do impacto. O evento incitante é muitas vezes uma concussão; no entanto, o jogador pode voltar a jogar prematuramente, e um segundo evento concussivo pode acontecer em meio à recuperação da lesão inicial. O mecanismo normalmente envolve a rápida evolução do edema cerebral maligno, consequente ao longo de um curso de curta duração após a segunda lesão e ocorre frequentemente no campo de jogo. A taxa de mortalidade varia de 50% a 100% (GALGANO et al., 2017).

6.4.2 Lesões axonais difusas

Lesões axonais difusas são incomuns em esportes, pois requerem trauma grave, resultando em forças de cisalhamento que interrompem as conexões axonais. Nenhum hematoma é visto em uma tomografia computadorizada. Clinicamente, há um coma profundo e, geralmente, um déficit neurológico crônico, ou estado vegetativo persistente (KERR, 2013).

Significativas forças de aceleração/desaceleração rotacional são geralmente necessárias para que tal lesão ocorra. Há perda da consciência por mais de seis horas. Radiograficamente, muitas vezes ela é diagnosticada como focos hemorrágicos sutis vistos em áreas como a corona radiata, corpo caloso, cápsula interna, tronco cerebral e tálamo. Dependendo de onde ocorre o estiramento axonal, pode acontecer sua ruptura. Os pacientes podem ter diferentes graus de apresentações clínicas. Um subconjunto de pacientes com lesão axonal difusa pode apresentar alteração da consciência por alguns dias, enquanto outros podem apresentar hemiparesia e outros nunca recuperam a consciência por causa da perda de integridade axonal em partes do sistema de ativação reticular (GALGANO et al., 2017; GENNARELLI et al., 1982).

6.5 Gravidade do TCE

O TCE também pode ser classificado quanto a sua gravidade em leve, moderado ou grave, de acordo com o nível de consciência, que é mensurado usando a escala de coma Glasgow (Tabela 6.1) (TEASDALE; JENNETT, 1974).

Tabela 6.1. Escala de Glasgow

PARÂMETROS	ESCORE
Melhor resposta verbal	
Nenhuma	1
Sons incompreensíveis	2
Palavras inadequadas	3
Confusa	4
Orientada	5
Abertura dos olhos	
Nenhuma	1
Resposta à dor	2
Resposta à fala	3
Espontânea	4
Melhor resposta motora	
Nenhuma	1
Descerebração (extensão anormal dos membros)	2
Descorticação (flexão anormal dos membros superiores)	3
Retirada	4
Localiza o estímulo doloroso	5
Obedece ao comando verbal	6
Total	15

Fonte: adaptada de Teasdale e Jennett, 1974.

A escala de Glasgow está envolvida em um sistema de classificação universal para a severidade do TCE e consiste no somatório da pontuação de três componentes: abertura ocular, capacidade motora e verbal. São classificadas como graves aqueles TCE em que o somatório fica entre 3 e 8 pontos, moderados os que ficam entre 9 e 13 pontos e leves os que somam entre 14 e 15 pontos. A pontuação é inversamente proporcional à gravidade da lesão (MAAS; STOCCHETTI; BULLOCK, 2008).

6.6 Diagnóstico do TCE

Uma lesão na cabeça não necessariamente implica um TCE. Um diagnóstico de TCE se baseia em sinais clínicos, como a presença de qualquer perda de consciência ou amnésia (retrógrada ou pós-traumática). Investigações clínicas adicionais podem ser feitas, avaliando-se o nível de consciência, a presença de fatores de risco e o mecanismo da lesão (MAAS; STOCCHETTI; BULLOCK, 2008).

A tomografia computadorizada é o método diagnóstico preferido para se determinar danos estruturais ou detectar hematomas intracranianos. Lesões intracranianas traumáticas ocorrem frequentemente em injúrias graves e moderadas, mas também podem ser reportadas em uma pequena parcela de pacientes com escala de Glasgow de 14 (MAAS; STOCCHETTI; BULLOCK, 2008).

A ressonância magnética raramente é usada na fase aguda do TCE porque ela é logisticamente mais complexa e consome mais tempo, além de não fornecer necessariamente mais informações para as decisões clínicas. Contudo, a ressonância magnética pode ser mais informativa se uma lesão penetrante com um objeto de madeira for suspeito de ser o causador da lesão. Nas fases subagudas ou crônicas do TCE, a ressonância magnética é mais informativa que a tomografia computadorizada, oferecendo melhor detecção de lesões na substância branca em pacientes com lesão axonal difusa (MAAS; STOCCHETTI; BULLOCK, 2008).

Alguns traumas podem causar lesões vasculares. Lesões arteriais (extracranianas e intracranianas) foram detectadas em pacientes com lesões da parte cervical da coluna vertebral e também naqueles com fraturas na base do crânio envolvendo o canal carotídeo. Aneurismas traumáticos são vistos em alguns pacientes com TCE penetrante. Nesse caso, a angiotomografia é indicada (MAAS; STOCCHETTI; BULLOCK, 2008).

6.7 Tratamento do TCE

Até o momento, não há tratamento efetivo para promover a recuperação completa dos indivíduos acometidos por lesões cerebrais decorrentes de TCE, exceto para intervenção médica de rotina e cuidados paliativos. Então, o desenvolvimento de melhores modalidades de tratamento seria de enorme benefício (LU et al., 2015).

Durante o TCE, algumas células do cérebro são mecanicamente danificadas, mas uma quantidade maior de células são lesionadas como resultado de alterações bioquímicas induzidas por trauma, o que é chamado de lesão secundária. Os seguintes medicamentos podem ser usados para prevenir lesões secundárias no cérebro imediatamente após um trauma (LU et al., 2015).

Os diuréticos, administrados por via intravenosa a pessoas que sofreram um TCE, ajudam a diminuir a pressão dentro do cérebro. No entanto, eles têm efeitos colaterais graves, como hipovolemia, hipocalemia, hipercalemia, hiponatremia, alcalose metabólica e acidose metabólica (LU et al., 2015).

Os anticonvulsivantes, também conhecidos como drogas antiepilépticas ou drogas anticonvulsivas, são um grupo diversificado de agentes farmacológicos usados para tratar convulsões. Pessoas que sofreram um TCE moderado a grave correm o risco de ter convulsões durante a primeira semana após a lesão. Um medicamento anticonvulsivante pode ser administrado durante a primeira semana para evitar qualquer dano cerebral adicional que possa ser causado por uma convulsão (LU et al., 2015).

Os medicamentos indutores de coma são às vezes usados pelos médicos para induzir um coma temporário (um estado profundo de inconsciência). Como o metabolismo do cérebro foi significativamente alterado durante um TCE e áreas do cérebro podem não ter fluxo sanguíneo suficiente, drogas indutoras de coma são usadas para inativar profundamente o cérebro, de modo que este consuma menos oxigênio. Isso é especialmente útil se os vasos sanguíneos, estressados por pressão elevada no cérebro, são incapazes de transportar a quantidade normal de nutrientes e oxigênio para as células do cérebro. Embora os medicamentos indutores de coma protejam o cérebro, o cérebro como um todo não está, por definição, recebendo o sangue de que necessita (LU et al., 2015).

6.8 Perspectivas de novos tratamentos

Em estudos pré-clínicos e clínicos, progresso significativo foi feito na terapia com base em células-tronco visando à regeneração neural no acidente vascular cerebral e em doenças neurodegenerativas. Extensos estudos mostraram o potencial da terapia com células-tronco para tratar o cérebro lesionado. No entanto, em razão da complexidade e da heterogeneidade do trauma cerebral, o reparo neural e a regeneração pós-TCE ainda são um objetivo de longo alcance. Há muitos desafios ainda para se alcançar o sucesso da terapia com células-tronco. Para o reparo celular endógeno por meio da neurogênese adulta, são necessárias estratégias que orientem a migração de novos neurônios para o local da lesão e para a promoção da sobrevivência neuronal em longo prazo. Para o transplante de células-tronco, o ambiente local do hospedeiro precisa determinar o destino das células transplantadas. Uma fonte de célula e um ambiente controlado são necessários para o transplante neural bem-sucedido. Esses desafios devem ser abordados em estudos pré-clínicos do TCE para que essas terapias possam ser aplicadas à clínica (WESTON; SUN, 2018).

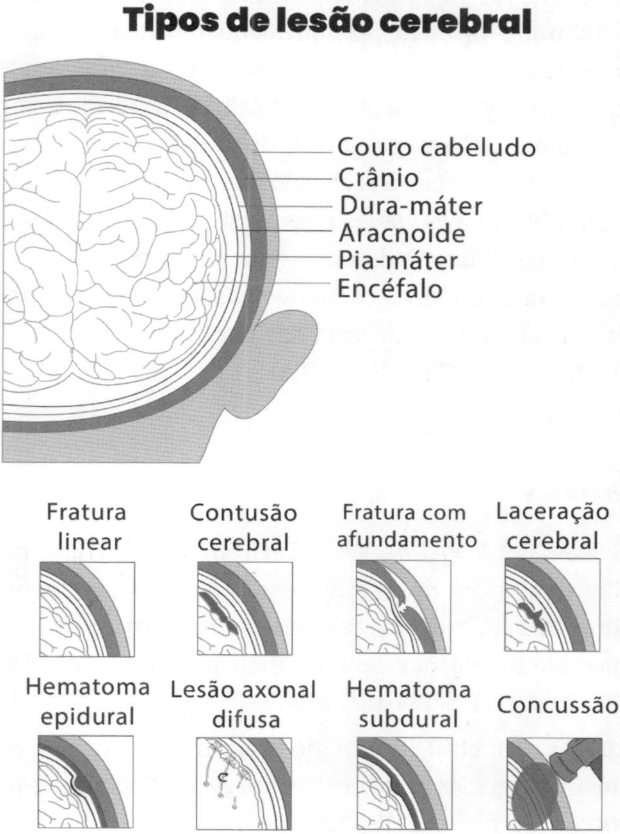

Figura 6.1. Diferentes tipos de traumas na cabeça e no cérebro.

Outro tratamento promissor é o uso de luz vermelha ou infravermelha para estimular ou regenerar tecidos, conhecido como fotobiomodulação. Descobriu-se que os diodos emissores de luz (LED) infravermelha (comprimento de onda 800-900 nm) e vermelha (comprimento de onda 600 nm) são capazes de penetrar no couro cabeludo e no crânio e têm o potencial de melhorar a atividade celular do tecido cerebral comprometido. Com base nisso, diferentes estudos experimentais e clínicos foram realizados para testar a terapia com LED para TCE, e resultados promissores foram obtidos. Isso nos leva a considerar o desenvolvimento de diferentes abordagens para maximizar os efeitos positivos dessa terapia e melhorar a qualidade de vida dos pacientes com TCE (DOS SANTOS; PAIVA; TEIXEIRA, 2018).

Referências

DOS SANTOS, J.; PAIVA, W. S.; TEIXEIRA, M. J. Transcranial light-emitting diode therapy for neuropsychological improvement after traumatic brain injury: a new perspective for diffuse axonal lesion management. *Medical Devices*, v. 11, p. 139-146, 2018.

GALGANO, M. et al. Traumatic brain injury: current treatment strategies and future endeavors. *Cell Transplantation*, v. 26, n. 7, p. 1118-1130, 2017.

GENNARELLI, T. A. et al. Diffuse axonal injury and traumatic coma in the primate. *Annals of Neurology*, v. 12, n. 6, p. 564-574, 1982.

KERR, H. A. Closed head injury. *Clinics in Sports Medicine*, v. 32, n. 2, p. 273-287, 2013.

LU, C. et al. Advances in diagnosis, treatments, and molecular mechanistic studies of traumatic brain injury. *Bioscience Trends*, v. 9, n. 3, p. 138-148, 2015.

MAAS, A. I.; STOCCHETTI, N.; BULLOCK, R. Moderate and severe traumatic brain injury in adults. *Lancet Neurology*, v. 7, n. 8, p. 728-741, 2008.

MENON, D. K. et al. Position statement: definition of traumatic brain injury. *Archives of Physical Medicine and Rehabilitation*, v. 91, n. 11, p. 1637-1640, 2010.

PEARN, M. L. et al. Pathophysiology associated with traumatic brain injury: current treatments and potential novel therapeutics. *Cellular and molecular neurobiology*, v. 37, n. 4, p. 571-585, 2017.

TEASDALE, G.; JENNETT, B. Assessment of coma and impaired consciousness. A practical scale. *Lancet*, v. 2, n. 7872, p. 81-84, 1974.

WESTON, N. M.; SUN, D. The potential of stem cells in treatment of traumatic brain injury. *Current Neurology and Neuroscience Reports*, v. 18, n. 1, p. 1, 2018.

XIONG, Y.; MAHMOOD, A.; CHOPP, M. Emerging treatments for traumatic brain injury. *Expert Opinion on Emerging Drugs*, v. 14, n. 1, p. 67-84, 2009.

ZHU, G. W.; WANG, F.; LIU, W. G. Classification and prediction of outcome in traumatic brain injury based on computed tomographic imaging. *Journal of International Medical Research*, v. 37, n. 4, p. 983-995, 2009.

7. COMO CUIDAR MELHOR DO SEU CÉREBRO

Bruno Lemes Marques, Daniel Mendes Filho, Ricardo Cambraia Parreira, Rodrigo R. Resende e Mauro Cunha Xavier Pinto

Finalmente o tão aguardado capítulo sobre como melhorar a memória! Com certeza, muitos dos leitores começaram a ler o livro por aqui (tudo bem, ter uma memória melhor pode ajudar em muitas áreas da vida, e todos queremos isso). No entanto, caro leitor, devemos lembrá-lo de que a evolução não dá saltos. Assim como ficar com o corpo malhado requer disciplina, dedicação, persistência na academia, dieta e, sobretudo, *tempo*, não dá para melhorar a memória sem esforço e paciência. De qualquer modo, não desanime! Aprenda a gostar do processo, e o resultado será consequência. A seguir, vamos ver alguns dos principais hábitos (*com embasamento científico*) (JOBES, 2011; COOPER, 2014) para melhorarmos não só a memória em geral, mas também o raciocínio, a capacidade de aprendizado e, de quebra, a reserva cognitiva – a qual, como vimos no Capítulo 5, é a resiliência da mente e do cérebro contra o desgaste natural do tempo, doenças ou acidentes.

7.1 Praticar exercícios físicos regularmente

Aproveitando a analogia feita anteriormente com a musculação, primeiramente veremos como a atividade física ajuda no objetivo de ter uma memória notável. Esses efeitos benéficos de se exercitar estão ligados primeiramente à manutenção de uma boa saúde. Exercícios estimulam o sistema imunológico (aumentando as defesas do organismo contra infecções) e incrementam a capacidade respiratória e cardiovascular – aumentando, com isso, a eficiência com que o oxigênio e os nutrientes são levados até o cérebro e os resíduos metabólicos nocivos são retirados dele.

Agora vamos nos ater aos efeitos dos exercícios físicos sobre a memória e a capacidade cognitiva como um todo. Há anos cientistas observam que roedores que praticam voluntariamente exercícios físicos em rodas de corrida têm um aumento na proliferação de células no hipocampo (região do cérebro que participa do processo da memória) e, consequentemente, maiores capacidades de memória e aprendizado. Ademais, observou-se no cérebro dos roedores "atletas" maiores níveis de moléculas as quais, entre outros efeitos, estimulam a geração de novos neurônios e seu desenvolvimento, a formação de novas sinapses e o aprendizado. Entre essas moléculas, pode-se citar o fator neurotrófico derivado de cérebro (BDNF) e o fator de crescimento semelhante à insulina (IGF) (CHADDOCK et al., 2010; FORDYCE; WEHNER, 1993; COTMAN; BERCHTOLD, 2002; VAN PRAAG et al., 1999).

E a boa notícia é que efeitos semelhantes têm sido descritos na espécie humana em todas as faixas etárias. Pesquisadores alemães da Universidade de Münster demonstraram que a atividade física é capaz de promover modulações positivas na memória, bem como um aumento do volume de massa cinzenta (corpos neuronais) nas regiões do córtex pré-frontal e cingulado, áreas cerebrais responsáveis, respectivamente, pelo planejamento de ações, memória de trabalho, e atenção e evocação das memórias (RUSCHEWEYH et al., 2011). Além disso, cientistas demonstraram que os indivíduos que praticaram exercícios físicos regularmente tiveram aumentados seus níveis de diversas neurotrofinas - as moléculas responsáveis por garantir o bom funcionamento do cérebro -, em especial o BDNF, citado há pouco (PEIG-CHIELLO et al., 1998; HOLLMANN et al., 2007; SCHERDER et al., 2005).

Mas esses efeitos não se restringem somente aos mais velhos. Usando ressonância magnética e análises psicológicas para comparar crianças entre 9 e 10 anos (época extremamente importante no desenvolvimento do cérebro, quando ele "se prepara" para os desafios da vida adulta), descobriu-se que aquelas que se exercitavam tinham maior volume hipocampal e melhor memória/aprendizado (CAVINESS et al., 1996; VAN PRAAG et al., 1999).

Nesse sentido, fica clara a importância da atividade física regular não somente na manutenção da boa forma e bem-estar, mas na saúde mental, podendo esta ser a chave para um envelhecimento com excelente qualidade de vida, prevenindo possíveis danos às funções cognitivas, como memória e aprendizado, que geralmente acometem muitos adultos e idosos.

7.2 Manter uma alimentação saudável

Não é segredo para ninguém que a alimentação é determinante na nossa qualidade de vida, sendo responsável por nos ajudar a manter nosso corpo saudável, ou, caso não nos atentemos ao que ingerimos, sendo capaz de colaborar para o desenvolvimento de diversas patologias, como a obesidade, doenças cardíacas crônicas, diabetes, e até mesmo demências.

Existem várias evidências que mostram que dietas não saudáveis, com alto teor de carboidratos e lipídeos, tendem a aumentar os riscos do surgimento de demências, tanto pelo aumento do risco de cardiopatias que promovem a diminuição do fluxo sanguíneo cerebral como por meio de mecanismos diretos, causados pelo aumento de fatores inflamatórios no cérebro, podendo estes gerar quadros de depressão, ansiedade e demências (JACKA et al., 2014; SARRIS et al., 2015).

Na verdade, um estudo de 2015 (JACKA et al., 2015) mostrou que indivíduos que têm hábitos alimentares não saudáveis, com altas taxas de gordura e carboidratos – em geral relacionados com o alto consumo de *fast-foods* e comidas processadas –, têm uma diminuição no volume do hipocampo, área cerebral crucial para o processamento da memória, e um aumento nos riscos não somente de desenvolvimento de demências, mas também de outros distúrbios como ansiedade e depressão.

Nesse sentido, diversos estudos tentam encontrar componentes específicos de uma ampla gama de alimentos que possam ter a capacidade de nos proteger contra o aparecimento dessas doenças mencionadas. Um estudo de 2004 (SONG; HORROBIN, 2004) mostrou que a suplementação com ômega 3 - um ácido graxo encontrado em maior quantidade em carnes brancas e alguns tipos de sementes oleaginosas, como linhaça e chia - é capaz de atenuar os déficits cognitivos em modelos animais de doença de Alzheimer, principalmente pela sua capacidade anti-inflamatória, modulando positivamente a memória desses animais.

Esses efeitos benéficos dos ácidos graxos ômega 3 não operam apenas durante a vida adulta. Existem estudos que mostram uma correlação muito interessante entre o aumento da ingestão de ômega 3 e o aumento na capacidade cognitiva e da memória de crianças com até 2 anos. De fato, Boucher et al. (2011) demonstraram que o aumento na ingestão de omêga 3 durante a gravidez é capaz de aumentar a capacidade cognitiva dos bebês - em especial a memória visual -, e esse efeito está relacionado com um composto chamado ácido docosahexaenoico (ou DHA, em inglês), que faz parte dos compostos do tipo ômega 3.

Além dos ácidos graxos do tipo ômega 3, existem outros compostos que podem ser adquiridos pela alimentação e que demonstram a capacidade de promover benefícios à memória. Um outro bom exemplo disso é o selênio - um elemento químico mineral encontrado na farinha de trigo, feijão, arroz, castanha-do-pará e outros tipos de oleaginosas -, que pode ter efeitos benéficos em nossa memória. Vários estudos mostraram que compostos orgânicos à base de selênio foram capazes de reduzir os prejuízos cognitivos correlacionados com um modelo animal de doença de Alzheimer, principalmente por sua capacidade em auxiliar o sistema antioxidante celular, responsável por proteger contra moléculas reativas que danificam a célula (PINTON et al., 2010; BALABAN et al., 2017; ZHANG; SHEN; XU, 2001).

Outro importante alimento relacionado com melhorias na memória é o café. Não é mistério para ninguém que uma boa xícara de café é capaz de nos deixar mais alertas e capazes de realizar as atividades exaustivas da rotina diária. Mas, além disso, o café - ou melhor, a cafeína - tem a capacidade de promover modulações positivas no nosso cérebro. A cafeína é um dos principais compostos encontrados no café, e é responsável por inibir receptores responsáveis pela diminuição da excitabilidade neuronal, principalmente de neurônios que regulam nossa necessidade de dormir. Em outras palavras, a cafeína estimula o sistema nervoso central e evita o sono, aumentando a excitabilidade neuronal.

Existem várias evidências que demonstram a capacidade da cafeína em melhorar a memória, seja pela capacidade de gerar estados de concentração por maior tempo, seja pela inibição dos estímulos de sono. Além disso, alguns estudos mostram que quantidades moderadas de cafeína são capazes de modular positivamente os sistemas antioxidantes celulares, podendo prevenir, portanto, diversos sintomas cognitivos relacionados com o envelhecimento e com demências (MEJIA; RAMIREZ-MARES, 2014; ABREU et al., 2011). Contudo, a ingestão indiscriminada de cafeína pode causar sérios prejuízos à saúde, como aumento da pressão arterial, que pode se transformar em hipertensão crônica em consumidores exagerados, bem como uma diminuição da deposição de cálcio nos ossos, aumentando, portanto, as chances de se desenvolver osteoporose e fraturas (CANO-MARQUINA et al., 2013; BHATTI; O'KEEFE; LAVIE, 2013).

Nesse sentido, manter uma dieta balanceada, com as quantidades certas de micro (minerais e vitaminas) e macronutrientes (carboidratos, lipídeos, proteínas), é essencial para a prevenção de doenças que afetam o cérebro e prejudicam a memória e o aprendizado. Por fim, vários alimentos podem nos auxiliar a promover uma melhoria não somente na memória, mas na saúde como um todo, ocasionando um aumento no bem-estar e na qualidade de vida, assim como modulações positivas em diversos sistemas de defesa do nosso corpo, nos protegendo, portanto, de diversas patologias.

7.3 Boas noites de sono

O sono, ainda que não se tenha compreendido totalmente sua utilidade no âmbito da evolução, possui diversas capacidades em promover o reequilíbrio das funções neurais, bem como "detoxificar" o cérebro e promover a restauração neuronal. No entanto, além disso, nos últimos anos os cientistas vêm demonstrando que o sono também tem um papel regulador da plasticidade sináptica - a capacidade dos neurônios de se remodelarem e formarem novas conexões e sinapses - que é essencial para os processos de memória e aprendizagem (BERGER; PHILLIPS, 1995; MCGINTY; SZYMUSIAK, 1990; INOUE; HONDA; KOMODA, 1995).

Algumas evidências apontam que novas memórias precisam do período de sono pós-aquisição - isto é, após o acontecimento que gerou a memória - para que o cérebro seja capaz de se reorganizar e consolidar essa memória (SUTHERLAND; MCNAUGHTON, 2000; FISHBEIN; MCGAUGH; SWARZ, 1971). O processo de consolidação de memória é uma cascata de eventos celulares e moleculares complexos, que envolvem tanto alterações de expressão proteica como de características morfológicas, ambas importantes para o "fortalecimento" dessa informação ou memória. Ou seja, é o processo de consolidação da memória que a torna mais acessível de ser lembrada, ou mais "eficiente" em produzir o retorno do estímulo inicial - a informação adquirida (FOWLER; SULLIVAN; EKSTRAND, 1973).

Não é possível proporcionarmos uma melhoria na nossa memória sem que haja uma mudança no nosso comportamento, principalmente relacionada com o estresse e o sedentarismo.

Além disso, Tilley e Warren (1983) demonstraram que a evocação da memória recém-adquirida, isto é, a capacidade de relembrar a memória recém-adquirida, é diretamente influenciada pelo ritmo circadiano – o ciclo de 24 horas que rege o "relógio biológico" dos humanos, que é determinado principalmente pelas variações de luz e temperatura durante o dia.

Nesse sentido, não é de se estranhar que a privação de sono possa causar efeitos indesejáveis nos processos de aquisição e consolidação de memória. De fato, como demonstrado por Idzikowski (1984), indivíduos que são privados de sono têm significativamente reduzida sua capacidade de relembrar memórias recém-adquiridas, corroborando, portanto, com as evidências do papel do sono como regulador da plasticidade sináptica.

Portanto, é nítido que uma das melhores maneiras de melhorar a capacidade e o funcionamento da sua memória é o sono. Uma boa noite de sono, além de reduzir o cansaço e o estresse, é capaz de promover alterações bioquímicas no cérebro, que, como consequência final, o tornam mais apto a aprender e a memorizar.

7.4 Hábito da leitura

A leitura já é tida como uma das principais ferramentas de aprendizagem desde a invenção da escrita e a popularização dos livros em consequência da invenção da imprensa por

Gutenberg, no século XV. No entanto, sua capacidade de promover o aprendizado não se dá apenas pela sua acessibilidade ao público, mas também por proporcionar mudanças intrínsecas no nosso cérebro, que nos tornam mais aptos a aprender e a relembrar conforme exercitamos esse hábito.

Alguns estudos mostram que o hábito da leitura, por ser uma atividade mentalmente estimulante, é capaz de promover alterações morfológicas e bioquímicas no cérebro, que, por sua vez, são capazes de nos tornar mais aptos a aprender (WILSON et al., 2013). Além disso, os cientistas conseguiram demonstrar que o hábito da leitura, sendo praticado durante a vida, é capaz de reduzir significativamente os riscos de desenvolvimento de vários tipos de demência - incluindo a doença de Alzheimer -, por conseguir promover o "fortalecimento" das células neuronais que regulam a memória (VEMURI; MORMINO, 2013).

7.5 Meditação

Um dos problemas mais recorrentes na vida moderna, e que vem atrapalhando cada vez mais pessoas ao redor do mundo, é o estresse. O estresse pode não somente provocar distúrbios cardiológicos, como hipertensão arterial e infarto agudo do miocárdio, mas também alterações neurológicas que podem desencadear depressão e declínio cognitivo (EATMON; SEBEI; GERKENS, [s.d.]).

Qualquer um que tenha sofrido com períodos de intenso estresse, seja por causa de prazos no trabalho, ou faculdade, seja por problemas familiares, sabe que nossa capacidade de raciocínio decai bastante durante essa fase. E, biologicamente, isso faz todo sentido! Existem vários estudos que correlacionam o estresse com sintomas de declínio cognitivo, demonstrando que este pode ser o desencadeador de diversos problemas neurológicos (KUHLMANN; PIEL; WOLF, 2005; SANDI; PINELO-NAVA, 2007).

Mas como combater esse tão maléfico estresse? Uma maneira bastante simples, porém eficaz, que vem tendo resultados positivos nas pesquisas é a meditação. Um estudo de 2010 (NEWBERG et al., 2010) comparou pacientes com perda de memória que participaram de sessões diárias de meditação por doze minutos com pacientes com o mesmo problema, mas que não passaram pelas sessões de meditação. Os resultados mostram, por análise de ressonância magnética funcional e testes neuropsicológicos, que o grupo que passou pelas sessões de meditação teve aumento significativo na capacidade cognitiva e memória, além de um aumento do fluxo sanguíneo em regiões importantes para o raciocínio e planejamento de ações, como o córtex pré-frontal.

Um outro estudo analisou o impacto da meditação diária durante um ano em um grupo de idosos com distúrbios do sono e consequente prejuízo cognitivo (SUN et al., 2013). Os resultados mostram que a qualidade do sono, e também a capacidade cognitiva e de memorização, melhorou significativamente após um ano de meditação, principalmente mediante modulações neuroquímicas que aumentaram a capacidade do cérebro de memorizar, mas também pelo alívio do estresse, um fator que prejudica muito essas habilidades.

Portanto, fica claro que a meditação, assim como outras ferramentas que proporcionem a diminuição do estresse, é eficaz em promover uma melhoria não somente na capacidade cognitiva e de memória, mas também na qualidade do sono e de vida.

7.6 Jogos que ajudam a exercitar a memória

Existem vários jogos que são capazes de favorecer o exercício da concentração individual, bem como da capacidade cognitiva e do raciocínio, principalmente no que se refere à capacidade de distinguir padrões, traçar rotas e formular estratégias. Um dos jogos mais conhecidos no mundo e que se acredita ser capaz de promover uma melhoria na inteligência dos indivíduos é o xadrez.

O xadrez tem uma origem ainda confusa, mas a hipótese mais aceita é a de que sua invenção tenha se dado na Ásia, especificamente na Índia, por volta do século VI, sob o nome de Chaturanga (HOOPER; WHYLD, 1996). Ainda hoje, o xadrez possui diversos admiradores e também jogadores amadores e profissionais, sendo um dos jogos de estratégia e tabuleiro mais jogados em todo o mundo.

Interessantemente, existem estudos que mostram que os jogadores de xadrez têm aumentadas suas capacidades cognitivas e de memória, principalmente no que tange à capacidade de predizer ações e formular estratégias, comandada pelo córtex pré-frontal. Além disso, a implementação da prática de xadrez como um esporte nas escolas teve como benefício o aumento nas capacidades acadêmicas de diversos alunos, segundo alguns estudos e meta-análises (GICK; HOLYOAK, 1980; SALOMON; PERKINS, 1989; SALA; GORINI; PRAVETTONI, 2015).

Além do xadrez, os jogos de *video game*, que vêm conquistando jogadores há gerações, desde a década de 1970, são objeto de estudo de diversos neurocientistas, que buscam entender o impacto deles na memória, atenção e raciocínio.

Colzato et al. (2010) demonstraram evidências de que os jogadores de FPS (First-Person Shooter – "tiro em primeira pessoa") apresentam maior flexibilidade cognitiva, com maior capacidade e velocidade de adaptação a novos estímulos visuais e sonoros. Além disso, o estudo mostrou que os jogadores experientes de FPS tiveram melhor desempenho em tarefas relacionadas com o entendimento de padrões visuais, indicando que têm maior capacidade de discriminar padrões visuais que aqueles que não são jogadores.

Por fim, Clemenson e Stark (2015) mostraram que os *video games*, em especial os dotados de cenários virtuais em 3D, ou seja, que possuem profundidade, como os jogos de FPS, são capazes de proporcionar um enriquecimento ambiental de estímulos aos jogadores, o que acaba por torná-los mais capazes de discriminar padrões e direcionar a atenção a estímulos sensoriais diferentes, como visão e audição.

Além disso, o estudo mostrou que essa maior capacidade está relacionada com a melhoria da memória dependente do hipocampo, estrutura essencial para o "armazenamento" das memórias, bem como para a localização espacial do indivíduo. Aparentemente, os jogadores de *video games* têm aumentada a plasticidade sináptica no hipocampo, ou seja, têm aumentada a capacidade de formar novas sinapses na região do cérebro responsável tanto pela aquisição de novas memórias como pela localização espacial.

Portanto, a ciência dá evidências de que a prática usual de jogos, sejam eles de tabuleiro, como o xadrez, sejam de *video game* no estilo FPS, é capaz de promover mudanças significativas em como o indivíduo responde ao ambiente, aumentando sua capacidade cognitiva relacionada com o planejamento de ações, bem como sua capacidade de discriminação de padrões e localização espacial.

7.7 Conclusões

O nosso cérebro é um órgão incrivelmente adaptável, e é importante constantemente nos desafiarmos e nos propormos novas tarefas que exijam readaptações neuronais e que aumentem nossa capacidade cognitiva e de memória. Este capítulo abordou algumas ferramentas que podem ser implementadas na vida diária e que têm impacto direto em nossa capacidade de formar novas memórias e de fortalecer o raciocínio, a memória e a atenção.

Podemos concluir que, em geral, a melhoria da memória está intrinsecamente relacionada com uma melhor qualidade de vida, e as ferramentas aqui citadas são importantes não somente para proporcionar uma melhoria cognitiva, mas também um aumento significativo na nossa qualidade de vida.

Como demonstramos ao longo deste capítulo, não é possível proporcionarmos uma melhoria na nossa memória sem que haja uma mudança no nosso comportamento, principalmente relacionada com o estresse e o sedentarismo. De nada adianta, caro leitor, tentar comer os alimentos dotados das propriedades fisiológicas que melhoram a memória sem se preocupar com a busca de uma vida ativa, com exercícios físicos regulares, práticas de meditação e leitura e um sono bem regulado, pois somente o conjunto de todos esses fatores será capaz de transformar sua capacidade cognitiva.

Figura 7.1. Diversos fatores são cruciais para a melhoria da memória. Como este capítulo mostra, a melhoria desse importante processo do nosso cérebro está intrinsecamente ligada a mudanças no estilo de vida: adoção de escolhas mais saudáveis de alimentação, prática regular de exercícios físicos, jogos que estimulem o raciocínio, bons hábitos de leitura, meditação, e, por fim, boas noites de sono. Todos esses passos, dados em conjunto, vão potencializar sua memória e deixá-lo mais capaz de aprender coisas novas!

Referências

ABREU, R. V. et al. Chronic coffee and caffeine ingestion effects on the cognitive function and antioxidant system of rat brains. *Pharmacology Biochemistry and Behavior*, v. 99, n. 4, p. 659-664, 2011.

BALABAN, H. et al. The protective role of selenium on scopolamine-induced memory impairment, oxidative stress, and apoptosis in aged rats: the involvement of TRPM2 and TRPV1 channels. *Molecular Neurobiology*, v. 54, n. 4, p. 2852-2868, 2017.

BERGER, R. J.; PHILLIPS, N. H. Energy conservation and sleep. *Behavioural Brain Research*, v. 69, n. 1-2, p. 65-73, 1995.

BHATTI, S. K.; O'KEEFE, J. H.; LAVIE, C. J. Coffee and tea: perks for health and longevity? *Current Opinion in Clinical Nutrition & Metabolic Care*, v. 16, p. 688-697, 2013.

BOUCHER, O. et al. Neurophysiologic and neurobehavioral evidence of beneficial effects of prenatal omega-3 fatty acid intake on memory function at school age. *The American journal of clinical nutrition*, v. 93, n. 5, p. 1025-1037, 2011.

CANO-MARQUINA, A. et al. The impact of coffee on health. *Maturitas*, v. 75, p. 7-21, 2013.

CAVINESS, V. S Jr. et al. The human brain age 7-11 years: a volumetric analysis based on magnetic resonance images. *Cerebral Cortex*, v. 6, n. 5, p. 726-736, set.-out. 1996.

CHADDOCK, L. et al. A neuroimaging investigation of the association between aerobic fitness, hippocampal volume, and memory performance in preadolescent children. *Brain Research*, v. 1358, p. 172-183, 28 out. 2010.

CLEMENSON, G. D.; STARK, C. E. L. Virtual environmental enrichment through video games improves hippocampal-associated memory. *Journal of Neuroscience*, v. 35, n. 49, p. 16116-16125, 2015.

COLZATO, L. S. et al. Estrogen modulates inhibitory control in healthy human females: Evidence from the stop-signal paradigm. *Neuroscience*, v. 167, p. 709-715, 2010.

COOPER, B. B. 6 science-backed methods to improve your memory. *Fast Company*, 31 mar. 2014. Disponível em: https://www.fastcompany.com/3028359/6-science-backed-methods-to-improve-your-memory. Acesso em: 20 nov. 2017.

COTMAN, C. W.; BERCHTOLD, N. C. Exercise: a behavioral intervention to enhance brain health and plasticity. *Trends in Neurosciences*, v. 25, n. 6, p. 295-301, jun. 2002.

EATMON, A. R.; SEBEI, E.; GERKENS, D. R. *Stress, memory, relaxation, and learning*. California State University. [s.d.] Disponível em: http://psych.fullerton.edu/dgerkens/WPA/stressRelaxWPA.pdf. Acesso em: 10 jan. 2020.

FISHBEIN, W.; MCGAUGH, J. L.; SWARZ, J. R. Retrograde amnesia: Electroconvulsive shock effects after termination of rapid eye movement sleep deprivation. *Science*, v. 172, p. 80-82, 1971.

FORDYCE, D. E.; WEHNER, J. M. Physical activity enhances spatial learning performance with an associated alteration in hippocampal protein kinase C activity in C57BL/6 and DBA/2 mice. *Brain Research*, v. 619, n. 1-2, p. 111-119, 13 ago. 1993.

FOWLER, M. J.; SULLIVAN, M. J.; EKSTRAND, B. R. Sleep and memory. *Science*, v. 179, p. 302-304, 1973.

GICK, M. L.; HOLYOAK, K. J. Analogical problem solving. *Cognitive Psychology*, v. 12, p. 306- 355, 1980.

HOLLMANN, W. et al. Physical activity and the elderly. *European Journal of Cardiovascular Prevention & Rehabilitation*, v. 14, n. 6, p. 730-739, 2007.

HOOPER, D.; WHYLD, K. *The Oxford companion to chess*. New York: Oxford University Press, 1996.

IDZIKOWSKI, C. Sleep and memory. *British Journal of Psychology*, v. 75, p. 439-449, 1984.

INOUE, S.; HONDA, K.; KOMODA, Y. Sleep as neuronal detoxification and restitution. *Behavioural Brain Research*, v. 69, n. 1-2, p. 91-96, 1995.

JACKA, F. N. et al. Food policies for physical and mental health. *BMC Psychiatry*, v. 14, p. 132, 2014.

JACKA, F. N. et al. Western diet is associated with a smaller hippocampus: a longitudinal investigation. *BMC Medicine*, v. 13, n. 1, 2015.

JOBES, D. The science behind memory improvement. *Memory improvement tips*, 27 mar. 2011. Disponível em: https://www.memory-improvement-tips.com/memory-research.html#exercise. Acesso em: 20 nov. 2017.

KUHLMANN, S.; PIEL, M.; WOLF, O. T. Impaired memory retrieval after psychosocial stress in healthy young men. *Journal of Neuroscience*, v. 25, n. 11, p. 2977-2982, 2005.

MCGINTY, D.; SZYMUSIAK, R. Keeping cool: a hypothesis about the mechanisms and functions of slow-wave sleep. *Trends in Neurosciences*, v. 13, n. 12, p. 480-487, 1990.

MEJIA, E. G. de; RAMIREZ-MARES, M. V. Impact of caffeine and coffee on our health. *Trends in Endocrinology & Metabolism*, v. 25, n. 10, p. 489-492, 2014.

NEWBERG, A. B. et al. Meditation effects on cognitive function and cerebral blood flow In subjects with memory loss: a preliminary study. *Journal of Alzheimer's Disease*, v. 20, n. 2, p. 517-526, 2010.

PEIG-CHIELLO, P. et al. The effects of resistance training on well-being and memory in elderly volunteers. *Age and Ageing*, v. 27, n. 4, p. 469-475, 1998.

PINTON, S. et al. Organoselenium improves memory decline in mice: Involvement of acetylcholinesterase activity. *Neuroscience Letters*, v. 472, n. 1, p. 56-60, 2010.

RUSCHEWEYH, R. et al. Physical activity and memory functions: An interventional study. *Neurobiology of Aging*, v. 32, n. 7, p. 1304-1319, 2011.

SALA, G.; GORINI, A.; PRAVETTONI, G. Mathematical problem solving abilities and chess: an experimental study on young pupils. *SAGE Open*, v. 5, n. 3, 2015.

SALOMON, G.; PERKINS, D. N. Rocky roads to transfer: Rethinking mechanisms of a neglected phenomenon. *Educational Psychologist*, v. 24, p. 113-142, 1989.

SANDI, C.; PINELO-NAVA, M. T. Stress and memory: behavioral effects and neurobiological mechanisms. *Neural plasticity*, 2007.

SARRIS, J. et al. Nutritional medicine as mainstream in psychiatry. *Lancet Psychiatry*, v. 2, p. 271-274, 2015.

SCHERDER, E. J. A. et al. Physical activity and executive functions in the elderly with mild cognitive impairment. *Aging & Mental Health*, v. 9, n. 3, p. 272-280, 2005.

SONG, C.; HORROBIN, D. Omega-3 fatty acid ethyl-eicosapentaenoate, but not soybean oil, attenuates memory impairment induced by central IL-1ß administration. *Journal of Lipid Research*, v. 45, n. 6, p. 1112-1121, 2004.

SUN, J. et al. Self-relaxation training can improve sleep quality and cognitive functions in the older: a one-year randomised controlled trial. *Journal of Clinical Nursing*, v. 22, n. 9-10, p. 1270-1280, 2013.

SUTHERLAND, G. R.; MCNAUGHTON, B. Memory trace reactivation in hippocampal and neocortical neuronal ensembles. *Current Opinion in Neurobiology*, v. 10, p. 180, 2000.

TILLEY, A.; WARREN, P. Retrieval from semantic memory at different times of day. *Journal of Experimental Psychology: Learning, Memory, and Cognition*, v. 9, n. 4, p. 718, 1983.

VAN PRAAG, H. et al. Running enhances neurogenesis, learning and long-term potentiation in mice. *Proceedings of the National Academy of Sciences USA*, v. 96, n. 23, p. 13427-13431, 9 nov. 1999.

VEMURI, P.; MORMINO, E. C. Cognitive stimulating activities to keep dementia at bay. *Neurology*, v. 81, n. 4, p. 308-309, jul. 2013.

WILSON, R. S. et al. Life-span cognitive activity, neuropathologic burden, and cognitive aging. *Neurology*, v. 81, n. 4, p. 314-321, jul. 2013.

ZHANG, Z.; SHEN, X.; XU, X. Effects of selenium on the damage of learning-memory ability of mice induced by fluoride. *Wei sheng yan jiu [Journal of hygiene research]*, v. 30, n. 3, p. 144-146, 2001.

SOBRE OS AUTORES

Bruno Lemes Marques é graduando em Biomedicina pela Universidade Federal de Goiás (UFG). Aluno do Programa Institucional de Iniciação Científica da UFG como bolsista PIBIC no trabalho intitulado *Avaliação do efeito neuroprotetor da inibição dos transportadores de glicina do tipo 1 em modelos de isquemia cerebral*, sob orientação do prof. dr. Mauro Cunha Xavier Pinto no Laboratório de Neurofarmacologia e Neuroquímica (NeuroLab) do Instituto de Ciências Biológicas II (ICB II). Diretor de marketing da Liga Acadêmica de Educação em Neuropsicobiologia (LAEN), um projeto de extensão do ICB com foco em saúde mental e estudo de doenças neurodegenerativas.

Daniel Mendes Filho é graduado em Biomedicina pela Universidade Federal do Triângulo Mineiro (UFTM, 2013), possui experiência em análises clínicas e nas áreas de imuno-histoquímica e morfologia, atuando durante a graduação nos seguintes temas: fibrose cardíaca, *trypanosoma cruzi*, inflamação e adjuvantes imunológicos. Mestre em Ciências Fisiológicas – Área 1 (Bioquímica, Fisiologia e Farmacologia) pela UFTM em 2017, tendo atuado nas áreas de fisiologia humana, doença de Parkinson e células-tronco mesenquimais, com experiência em bioterismo, neurocirurgia estereotáxica em ratos, citoquímica e imunofluorescência. Atualmente é doutorando em Fisiologia pelo Programa de Pós-Graduação em Fisiologia da Faculdade de Medicina de Ribeirão Preto da Universidade de São Paulo (FMRP-USP) sob orientação da prof.ª dr.ª Elaine A. Del Bel no Laboratório de Neurofisiologia Molecular, atuando nas áreas de doença de Parkinson e discinesia induzida por L-DOPA.

Elis Marra da Madeira Freitas é especialista em farmácia clínica e atenção farmacêutica. Mestre em Ciências da Saúde. Doutoranda em Ciências Biológicas na área de farmacologia. Participa de projetos na linha de neurofarmacologia e neuroquímica, tendo como foco o desenvolvimento de fármacos que atuam em memória e cognição.

Gustavo Almeida de Carvalho é biomédico formado pela Universidade Federal de Goiás (UFG, 2018) e mestrando pelo Programa de Pós-graduação em Ciências Biológicas da mesma universidade. Realiza pesquisa no Laboratório de Neurofarmacologia e Neuroquímica desde 2017, onde é orientado pelo prof. dr. Mauro Cunha Xavier Pinto. Na graduação, teve experiência com divulgação científica ao ser vice-presidente da Liga Acadêmica de Educação em Neuropsicobiologia. Sua pesquisa de mestrado foca na descoberta de novos compostos neuroativos em modelos de doenças neurológicas e neurodegenerativas.

Mauro Cunha Xavier Pinto é professor do Departamento de Farmacologia do Instituto de Ciências Biológicas da Universidade Federal de Goiás (ICB-UFG). Doutor em Ciências Biológicas (Farmacologia Bioquímica e Molecular) pela Universidade Federal de Minas Gerais (UFMG, 2014), mestre em Ciências Biológicas (Fisiologia e Farmacologia) pela mesma instituição (2010) e farmacêutico-bioquímico pela Universidade Federal dos Vales do Jequitinhonha e Mucuri (UFVJM, 2008). Atuou como residente pós-doutoral na Universidade de São Paulo (USP, 2014) na área de neuroquímica e na UFMG (2016) na área de farmacologia. Também atuou como pesquisador visitante no McKnight Brain Institute da Universidade da Flórida (2015), na área de neurociências.

Onésia Cristina de Oliveira Lima é doutora em Ciências - Fisiologia pela Universidade Federal de Minas Gerais (UFMG). Mestre em Ciências Biológicas - Fisiologia pela UFMG e graduada em Fisioterapia pela Universidade Federal dos Vales do Jequitinhonha e Mucuri (UFVJM). Realizou residência pós-doutoral na UFMG e na Universidade Federal de Goiás (UFG). Trabalha com pesquisa nas áreas de neurofisiologia, neurofarmacologia e neuroimunologia.

Patrícia de Carvalho Ribeiro possui graduação em Biomedicina pela Universidade Federal do Triângulo Mineiro (UFTM, 2014) e mestrado em Ciências Fisiológicas pela mesma instituição (2016). Foi aluna visitante de doutorado no The Ott Laboratory for Organ Engineering and Regeneration do Massachusetts General Hospital - Harvard Medical School durante o período de novembro de 2018 a abril de 2019. Atualmente é doutoranda em Ciências da Saúde pela Faculdade de Medicina de São José do Rio Preto (Famerp). Tem experiência nas áreas de fisiologia, nefrologia e cultura de células.

Raphaela Almeida Chiareli é médica veterinária graduada pela Universidade Federal Rural do Rio de Janeiro (UFRRJ), mestre em Saúde Animal pela Universidade de Brasília (UnB) e atualmente faz doutorado em Ciências Biológicas na Universidade Federal de Goiás (UFG), desenvolvendo sua pesquisa no Laboratório de Neurofarmacologia e Neuroquímica (NeuroLab) sob a orientação do prof. dr. Mauro Cunha Xavier Pinto.

Ricardo Cambraia Parreira é graduado em Biomedicina pela Universidade Federal do Triângulo Mineiro (UFTM). Mestre e doutor em Bioquímica e Imunologia pela Universidade Federal de Minas Gerais (UFMG). Residente pós-doutoral pela Universidade Federal de Goiás (UFG) e docente do Centro Universitário de Mineiros (UNIFIMES).

Rodrigo R. Resende é professor associado, pesquisador CNPq e coordenador do Laboratório de Sinalização Celular e Nanobiotecnologia do Instituto de Ciências Biológicas (ICB) da Universidade Federal de Minas Gerais (UFMG).

GRÁFICA PAYM
Tel. [11] 4392-3344
paym@graficapaym.com.br